JN002692

2020年版

中検3級試験問題

[第98・99回]
解答と解説

一般財団法人
日本中国語検定協会 編

白帝社

音声ファイルダウンロードについて

- 『中検 3 級試験問題 2020［98・99 回］』の音声ファイル（MP3）を無料でダウンロードすることができます。
  下記サイトにアクセスしてください。
  第 98 回
  http://www.hakuteisha.co.jp/audio/chuken/3-98.zip
  第 99 回
  http://www.hakuteisha.co.jp/audio/chuken/3-99.zip

- 本文中の マークの箇所が音声ファイル（MP3）提供箇所です。
  ファイルは ZIP 形式で圧縮された形でダウンロードされます。
  会場での受験上の注意を収録したトラック 01，02，44 の番号は，本書「問題」部分には記していません。

- スマートフォンで音声ダウンロードと再生を行う場合の参考情報は，p.iv をご覧ください。

- 本書と音声は著作権法で保護されています。

ご注意

＊ 音声の再生には，MP3 ファイルが再生できる機器などが別途必要です。
＊ ご使用機器，音声再生ソフトに関する技術的なご質問は，ハードメーカー，ソフトメーカーにお問い合わせください。

音声ダウンロードファイルをご利用できない場合は CD をお送りします。
葉書あるいはメールに必要事項（①『中検 3 級試験問題 2020［98・99 回］』の CD 希望，②お送り先の住所，③氏名）を明記の上，下記宛にお申し込みください。

171-0014 東京都豊島区池袋 2-65-1　白帝社 CD 係
info@hakuteisha.co.jp

まえがき

私たちの協会はこれまで各回の試験が終わるごとに級別に試験問題の「解答解説」を発行し，また年度ごとに3回の試験問題と解答解説を合訂した「年度版」を公表してきました。これらは検定試験受験者だけでなく，広く中国語学習者や中国語教育に携わる先生方からも，大きな歓迎を受けてきましたが，ただ主として予約による直接購入制であったため，入手しにくいので一般の書店でも購入できるようにしてほしいという声が多く受験者や学習者から寄せられていました。

その要望に応えるため，各回版と年度版のうち，「年度版」の発行を2013年度実施分より中国語テキストや参考書の発行に長い歴史と実績を有する白帝社に委ねることにしました。「各回版」の方は速報性が求められ，試験終了後直ちに発行しなければならないという制約を有するため，なお当面はこれまでどおり協会が発行し，直接取り扱うこととします。

本書の内容は，回ごとに出題委員会が作成する解答と解説に準じていますが，各回版刊行後に気づいた不備，回ごとの解説の粗密や記述体裁の不統一を調整するとともに，問題ごとに出題のねらいや正解を導くための手順を詳しく示すなど，より学習しやすいものになるよう配慮しました。

本書を丹念に読むことによって，自らの中国語学習における不十分なところを発見し，新しい学習方向を定めるのに役立つものと信じています。中国語学習者のみなさんが，受験準備のためだけでなく，自らの学力を確認するための目安として本書を有効に活用し，学習効果の向上を図られることを願っています。

2020年5月

一般財団法人 日本中国検定協会

本書について

本書は，日本中国語検定協会が2019年度に実施した第98回（2019年6月），第99回（2019年11月）中国語検定試験の問題とそれに対する解答と解説を，実施回ごとに分けて収めたものです。リスニング問題の音声はダウンロードして聴くことができます。

問　題

・試験会場で配布される状態のものに，音声のトラック番号を 03 のように加えています。ただし，会場での受験上の注意を収録した各回のトラック01，02，44は記していません。

解答と解説

・問題の最初に，出題のポイントや正解を導くための手順を簡潔に示しています。

・４択式の解答は白抜き数字❶❷❸❹で，記述式の解答は太字で示しています。解説は問題ごとに　　内に示しています。

・長文問題の右側の数字は，５行ごとの行数を示しています。

・リスニングの長文聴解や，筆記の長文読解の文章中の解答部分，あるいは解答を導く手掛かりとなる箇所には破線＿＿＿のアンダーラインを施しています。

・準４級・４級・３級の問題文と選択肢の文すべて（一部誤答は除く）にピンインと日本語訳例を付し，リスニング問題にはピンインと漢字表記および日本語訳を付けています。

・ピンイン表記は原則として《现代汉语词典 第７版》に従っていますが，“不”“一”の声調は変調したものを示しています。

“没有”は動詞はméiyǒu，副詞はméiyouのように表記しています。

軽声と非軽声の２通りの発音がある場合は，原則として軽声の方を採用しています。例：“打算 dǎ·suàn”はdǎsuan，“父亲 fù·qīn”はfùqin，“因为 yīn·wèi”はyīnwei。

方向補語は次の例のように表記しています。

動詞“起”が方向補語“来”を伴う場合の可能・不可能形：“来”は非軽声。

起来 qǐlai ⇨ 起得来 qǐdelái 起不来 qǐbulái
(起き上がる) (起き上がれる) (起き上がれない)

動詞“赶”が方向補語“上”を伴う場合の可能・不可能形：“上”は非軽声。

赶上 gǎnshang ⇨ 赶得上 gǎndeshàng 赶不上 gǎnbushàng
(追いつく) (追いつける) (追いつけない)

複合方向補語“起来”を伴う動詞“拿”の可能・不可能形：“起来”は非軽声。

拿起来 náqilai ⇨ 拿得起来 nádeqǐlái 拿不起来 nábuqǐlái
(手に取る) (手に取れる) (手に取れない)

複合方向補語“起来”の“起”と“来”の間に目的語が置かれる場合：“起”は非軽声，“来”は軽声。

拿起书来 náqǐ shū lai ⇨ 拿得起书来 nádeqǐ shū lai
(本を手に取る) (本を手に取れる)
拿不起书来 nábuqǐ shū lai
(本を手に取れない)

“上来、上去、下来、下去、出来、出去”等はすべて上の例にならう。

・品詞名，術語の略称は次のとおりです。

名	名詞	動	動詞	助動	助動詞
形	形容詞	数	数詞	量	量詞（= 助数詞）
数量	数詞 + 量詞				
代	代詞（名詞・動詞・形容詞・数量詞・副詞に代わる語）				
副	副詞	介	介詞（= 前置詞）	接	接続詞（= 連詞）
助	助詞	感	感動詞	接頭	接頭辞
接尾	接尾辞				

中国語の“状语”は状況語（連用修飾語），“定语”は限定語（連体修飾語）としています。

・音声のトラック番号は，03 のように示し，繰り返しのものを割愛しています。

解答用紙見本

・巻末にマークシート式の解答用紙の見本（70％縮小）があります。記入欄を間違えないように，解答欄の並び方を確認しましょう。

参考情報 スマートフォンで音声ダウンロードと再生を行う手順

各回の URL と QR コード：

98 回は　http://www.hakuteisha.co.jp/audio/chuken/3-98.zip

99 回は　http://www.hakuteisha.co.jp/audio/chuken/3-99.zip

・Clipbox を使う場合

① **iPhone** は，App Store から Clipbox Zip（解凍用アプリ）をダウンロードします。聞きたい回の URL を入力すると，音声ダウンロードページが現れます。
② ダウンロードしたいものを選択（タッチ）します。
③ 「Clipbox Zip にコピー」を選択します。
④ 出てきた Zip を選択します。
⑤ 「解凍します」を選択します。
⑥ 聞きたいトラック番号を選択して，音声を再生します。

① **Android** は，Play ストアから Clipbox+ をダウンロードします。
② 「クリップ」を選択（タッチ）し「URL」入力画面にダウンロードする回の URL を入力します。
③ 「OK」を選択して、TOP に戻り保存場所を選択します。
④ フォルダを選択すると「解凍しますか」が表示され，「OK」を選択すると，解凍された mp3 ファイルが現れます。
⑤ 聞きたいトラック番号を選択して音声を再生します。

・Easy Zip を使う場合

① App Store から Easy Zip（解凍用アプリ）をダウンロードします。
② ダウンロードする回の URL を入力すると，音声ダウンロードページが現れます。
③ ダウンロードしたいものを選択（タッチ）します。
④ 「“Easy Zip” で開く」を選択します。
⑤ 出てきた Zip を選択します。
⑥ 「解凍します」を選択すると，黄色いフォルダが作成されます。
⑦ 聞きたいトラック番号を選択して，音声を再生します。

目　次

第 98 回

(2019 年 6 月)

問　題

解答時間：計 100 分

配点：リスニング 100 点，筆記 100 点

解答と解説

リスニング (⇨解答と解説11頁)

03 **1** 1. (1)〜(5)の問いを聞き，答えとして最も適当なものを，それぞれ①〜④の中から1つ選び，その番号を解答欄にマークしなさい。 (25点)

04 (1)

① ② ③ ④

05 (2)

① ② ③ ④

06 (3)

① ② ③ ④

07 (4)

① ② ③ ④

08 (5)

① ② ③ ④

09 2. (6)〜(10)のＡとＢの対話を聞き，Ｂの発話に続くＡのことばとして最も適当なものを，それぞれ①〜④の中から１つ選び，その番号を解答欄にマークしなさい。

(25点)

10 (6)

① ② ③ ④

11 (7)

① ② ③ ④

12 (8)

① ② ③ ④

13 (9)

① ② ③ ④

14 (10)

① ② ③ ④

15 **2** 中国語を聞き，(1)～(10)の問いの答えとして最も適当なものを，それぞれ①～④の中から1つ選び，その番号を解答欄にマークしなさい。 (50点)

16 23 メモ欄

17 24

(1)～(5)の問いは音声のみで，文字の印刷はありません。

18 (1)

25 ① ② ③ ④

19 (2)

26 ① ② ③ ④

20 (3)

27 ① ② ③ ④

21 (4)

28 ① ② ③ ④

22 (5)

29 ① ② ③ ④

30 メモ欄

37

31

38

32 ⑹ 我在哪儿工作？

39 ① ② ③ ④

33 ⑺ 我每天怎么去地铁站？

40 ① ② ③ ④

34 ⑻ 坐公交车到地铁站需要多长时间？

41 ① ② ③ ④

35 ⑼ 意大利餐厅在哪儿？

42 ① ② ③ ④

36 ⑽ 我们星期六、星期天经常干什么？

43 ① ② ③ ④

筆　記 （⇨解答と解説24頁）

1 1. (1)～(5)の中国語と声調の組み合わせが同じものを，それぞれ①～④の中から1つ選び，その番号を解答欄にマークしなさい。 (10点)

(1) 生活　① 说明　② 牛奶　③ 回家　④ 熊猫

(2) 棒球　① 考试　② 过年　③ 非常　④ 旅行

(3) 开始　① 回答　② 古代　③ 可能　④ 公里

(4) 照相　① 寒假　② 愉快　③ 学校　④ 对话

(5) 主要　① 做客　② 法律　③ 社会　④ 杂志

2. (6)～(10)の中国語の正しいピンイン表記を，それぞれ①～④の中から1つ選び，その番号を解答欄にマークしなさい。 (10点)

(6) 打扫　① dǎsǎo　② dǎshǎo　③ dàsǎo　④ dàshǎo

(7) 暖和　① nuǎnhé　② nuǎnhuo　③ luǎnhé　④ luǎnhuo

(8) 迟到　① cǐdào　② chítào　③ chídào　④ cǐtào

(9) 方便　① fāngpián　② fēngbiàn　③ fēngpián　④ fāngbiàn

(10) 历史　① lìsǐ　② líshǐ　③ lìshǐ　④ lísǐ

2 ⑴～⑽の文の空欄を埋めるのに最も適当なものを，それぞれ①～④の中から１つ選び，その番号を解答欄にマークしなさい。 (20 点)

⑴ 你（　　　）中国历史感兴趣吗？

① 跟　② 给　③ 向　④ 对

⑵ 他这次不是来旅游（　　　）。

① 了　② 着　③ 的　④ 过

⑶ 我哥哥很喜欢（　　　）吉他。

① 吹　② 打　③ 弹　④ 拉

⑷ 她（　　　）是我的老师，又是我的朋友。

① 既　② 或　③ 都　④ 还

⑸ 我（　　　）不舒服，什么都不想做。

① 一点儿　② 一会儿　③ 有点儿　④ 一下儿

⑹ 那本书已经（　　　）人借走了。

① 使　② 被　③ 为　④ 与

⑺ 你以后不能（　　　）迟到了。

① 再　② 才　③ 还　④ 又

⑻ 没想到他的决心那么（　　　）。

① 硬　② 大　③ 高　④ 好

⑼ 你（　　　）躺着看书，对眼睛不好。

① 不然　② 不好　③ 不是　④ 不要

⑽（　　　）我想买辆汽车，（　　　）没有钱。

① 因为…所以…　② 不是…就是…　③ 虽然…但是…　④ 不但…而且…

3 1. (1)〜(5)の日本語の意味に合う中国語を，それぞれ①〜④の中から 1 つ選び，その番号を解答欄にマークしなさい。 (10 点)

(1) あなたはどうしてこんなに遅く来たのですか。

① 你才这么晚怎么来?

② 你怎么才来这么晚?

③ 你才怎么这么晚来?

④ 你怎么这么晚才来?

(2) わたしはたくさん買い物をしてきました。

① 我买很多回来东西了。

② 我很多东西买回来了。

③ 我买回来了很多东西。

④ 我买回来了东西很多。

(3) 呉さんはあした上海へ出張します。

① 小吴明天要上海去出差。

② 小吴明天要去上海出差。

③ 小吴明天要出差上海去。

④ 小吴要出差上海明天去。

(4) わたしは昨晩 2 時間しか寝ていません。

① 我昨天晚上只两个小时睡觉了。

② 我昨天晚上只睡了两个小时觉。

③ 我昨天晚上两个小时只睡觉了。

④ 我昨天晚上睡了只两个小时觉。

(5) 彼女はどうしてもその写真をわたしに見せてくれません。

① 她怎么也不让我看那张照片。

② 她怎么也让我不看那张照片。

③ 她让那张照片怎么也不看我。

④ 她让我怎么也不看那张照片。

2. ⑹～⑽の日本語の意味になるように，それぞれ①～④を並べ替えたとき，[　　] 内に入るものはどれか，その番号を解答欄にマークしなさい。 (10点)

⑹ 前方から子どもが１人走って来ました。

前面 [＿＿＿＿] ＿＿＿＿ ＿＿＿＿ ＿＿＿＿。

① 过来　② 孩子　③ 一个　④ 跑

⑺ 先生は学生にレポートを書くようにおっしゃいました。

老师 [＿＿＿＿] ＿＿＿＿ ＿＿＿＿ ＿＿＿＿。

① 叫　② 报告　③ 学生　④ 写

⑻ 入場券はまだ買えますか。

门票＿＿＿＿ ＿＿＿＿ [＿＿＿＿] ＿＿＿＿吗？

① 到　② 买　③ 还　④ 得

⑼ 彼女は中国人と同じように中国語を流暢に話します。

她汉语说得＿＿＿＿ [＿＿＿＿] ＿＿＿＿ ＿＿＿＿。

① 流利　② 一样　③ 中国人　④ 跟

⑽ 彼は会議でひと言も話しませんでした。

他在会上＿＿＿＿ ＿＿＿＿ [＿＿＿＿] ＿＿＿＿说。

① 没　② 也　③ 连　④ 一句话

4 次の文章を読み，(1)～(6)の問いの答えとして最も適当なものを，それぞれ①～④の中から 1 つ選び，その番号を解答欄にマークしなさい。 (20 点)

我的名字叫孙晔，[(1)] 把“晔”这个字分开，就是“日”和“华”，这不是代表日本和中国吗？所以我和日本有缘分，我 10 岁时就去过日本。时隔 15 年，今年夏天我又去了一次日本。

小时候去日本的记忆已经模糊了，只有新宿的高楼大厦和秋叶原电器街的繁华还有点儿印象。这次，我从上海机场坐飞机到小松机场。[(2)] 下飞机，[(2)] 看到了小松机场的航站楼。这么小啊！我有点儿怀疑，这儿是日本的机场吗？我坐车去金泽，看到了道路两旁的田野，远处的森林和群山，不时地还有几间日式房屋。这时我有了一个预感，这次旅行我会有意外的惊喜。

六天的旅游，[(3)] 没有去东京，没有看富士山，[(3)] 我看到了跟 15 年前不一样的日本。兼六园、金泽城、茶屋街，[(4)] 我感受到了日本古朴、典雅的一面。早就听说日本传统文化保护得很好，金泽就是一个典范，它给我留下了深刻的印象。难怪有人说这里是日本人的“心灵之都”。

回到中国以后，我也在思考自己的“心灵之都”在哪里 [(5)]？

(1) 空欄(1)を埋めるのに適当なものは，次のどれか。

① 即使　　② 就算　　③ 既然　　④ 如果

(2) 2 か所の空欄(2)を埋めるのに適当なものは，次のどれか。

① 越…越…　　② 一…就…　　③ 连…都…　　④ 又…又…

(3) 2 か所の空欄(3)を埋めるのに適当なものは，次のどれか。

① 尽管…但是…　　② 即使…也…　　③ 由于…所以…　　④ 只要…就…

(4) 空欄(4)を埋めるのに適当なものは，次のどれか。

① 被　　② 给　　③ 让　　④ 把

(5) 空欄(5)を埋めるのに適当なものは，次のどれか。

① 吗　　② 吧　　③ 呢　　④ 嘛

(6) 本文の内容と一致するものは，次のどれか。

① 上海就是我的“心灵之都”。

② 我今年二十五岁，是第二次去日本。

③ 金泽在传统文化保护方面还有一些难题。

④ 小松机场跟我想像的一样大。

5 (1)〜(5)の日本語を中国語に訳し，漢字（簡体字）で解答欄に書きなさい。
（漢字は崩したり略したりせずに書き，文中・文末には句読点や疑問符をつけること。）

(20 点)

(1) わたしは週に2日アルバイトをしています。

(2) この文を中国語に訳してください。

(3) 午後あなたにメールをします。

(4) 東京の冬は北海道ほど寒くありません。

(5) もし雨が降れば，わたしは参加しないことにします。

リスニング

1

解答：1. (1) ❷ (2) ❷ (3) ❸ (4) ❹ (5) ❶ 2. (6) ❶ (7) ❷ (8) ❸ (9) ❷ (10) ❹

1. 一問一答：日常会話のなかでよく使われる問いの文に対して正確に答えることができるかどうかが問われています。 (5点×5)

04 (1) 問：你岁数大，还是她岁数大？
Nǐ suìshu dà, háishi tā suìshu dà?
あなたが年上なのですか，それとも彼女が年上なのですか。

答：① 她比我晚一会儿。
Tā bǐ wǒ wǎn yíhuìr.
彼女はわたしより少し遅れます。

❷ 她比我大两岁。
Tā bǐ wǒ dà liǎng suì.
彼女はわたしより2歳年上です。

③ 她比我弟弟大三岁。
Tā bǐ wǒ dìdi dà sān suì.
彼女はわたしの弟より3歳年上です。

④ 她比我慢一点儿。
Tā bǐ wǒ màn yìdiǎnr.
彼女はわたしより少しゆっくりです。

「わたしと彼女のどちらが年上か」という選択疑問文に対して，①は時間が，④は動作が遅いと答えているので除外します。③は比較の対象がわたしではなく，弟なので適当ではありません。「わたしより2歳年上だ」と答えている②が正解です。

05 (2) 問：你老家在哪儿？
Nǐ lǎojiā zài nǎr?
あなたの故郷はどちらですか。

答：① 我家在车站东边儿。
Wǒ jiā zài chēzhàn dōngbianr.
わたしの家は駅の東側です。

❷ 我老家在广东。
Wǒ lǎojiā zài Guǎngdōng.
わたしの故郷は広東です。

③ 我姥姥是广东人。
Wǒ lǎolao shì Guǎngdōngrén.
わたしの（母方の）祖母は広東人です。

④ 我家离车站很近。
Wǒ jiā lí chēzhàn hěn jìn.
わたしの家は駅から近いです。

"老家在哪儿？"（故郷はどちらか）と尋ねているので，故郷の地名を答えている②が正解です。①と④は自宅の場所，③は祖母の出身地を答えているので不適当です。

06 (3) 問：你吃了晚饭干什么？ あなたは晩ごはんを食べてから何をしますか。
Nǐ chīle wǎnfàn gàn shénme?

答：① 我没有写作业。 わたしは宿題をしていません。
Wǒ méiyou xiě zuòyè.

② 我想吃晚饭。 わたしは晩ごはんが食べたいです。
Wǒ xiǎng chī wǎnfàn.

❸ **我想写作业。** わたしは宿題をしようと思います。
Wǒ xiǎng xiě zuòyè.

④ 我没有吃晚饭。 わたしは晩ごはんを食べていません。
Wǒ méiyou chī wǎnfàn.

夕食後に何をするかが尋ねられています。①④は今の状況を，②は「晩ごはんを食べたい」と答えており，いずれも夕食後にすることを答えていません。「宿題をしようと思う」と答えている③が正解です。

07 (4) 問：黑板上的字你能看清楚吗？ Hēibǎn shang de zì nǐ néng kànqīngchu ma? 黒板の字ははっきり見えますか。

答：① 我听不清楚。 はっきり聞き取れません。
Wǒ tīngbuqīngchu.

② 我看不懂。 見ても分かりません。
Wǒ kànbudǒng.

③ 我没听懂。 聞いて理解できませんでした。
Wǒ méi tīngdǒng.

❹ **我看不清楚。** はっきり見えません。
Wǒ kànbuqīngchu.

"能看清楚吗？"（はっきり見ることができるか）と尋ねているので，「はっきり見えない」と視覚について答えている④が正解です。①の「はっきり聞き取れない」や③の「聞いて理解できない」という聴覚に関わる答えは除外します。②の「見ても分からない」は質問の「はっきり見えるか」の答えとして適切ではありません。

08 (5) 問：你妈妈做菜做得怎么样?
Nǐ māma zuò cài zuòde zěnmeyàng?
あなたのお母さんは料理がお上手ですか。

答：❶ 我妈妈中国菜做得非常好。
Wǒ māma Zhōngguó cài zuòde fēicháng hǎo.
母は中華料理を作るのがとても上手です。

② 我妈妈非常喜欢吃中国菜。
Wǒ māma fēicháng xǐhuan chī Zhōngguó cài.
母は中華料理を食べるのがとても好きです。

③ 我妈妈吃饭吃得非常快。
Wǒ māma chī fàn chīde fēicháng kuài.
母はごはんを食べるのがとても速いです。

④ 我妈妈没做过日本菜。
Wǒ māma méi zuòguo Rìběn cài.
母は日本料理を作ったことがありません。

母の料理が上手かどうかを聞いているのに対して，「中華料理がとても上手だ」と答えている①が正解です。②の「中華料理が好きだ」，③の「食べるのが速い」，④の「日本料理を作ったことがない」は問いの内容に合わず，不適当です。

2. ＡＢ２人の問答に続く２回目のＡの発話を選びます。問いと答えだけで終わるのではなく，相手の答えに対してもう一度反応を示すことができるかどうかを問うています。 (5点×5)

10 (6) Ａ：我今天忘了带铅笔了，你有吗?
Wǒ jīntiān wàngle dài qiānbǐ le, nǐ yǒu ma?
わたしはきょう鉛筆を持ってくるのを忘れてしまいました。あなたは持っていますか。

Ｂ：我带了两支铅笔。
Wǒ dàile liǎng zhī qiānbǐ.
わたしは鉛筆を２本持ってきました。

Ａ：❶ 那你借给我一支吧。
Nà nǐ jiègěi wǒ yì zhī ba.
では，１本わたしに貸してもらえますか。

② 你没带铅笔吗?
Nǐ méi dài qiānbǐ ma?
あなたは鉛筆を持ってこなかったのですか。

③ 我也有一支铅笔。
Wǒ yě yǒu yì zhī qiānbǐ.
わたしも鉛筆を１本持っています。

④ 我喜欢用铅笔写字。
Wǒ xǐhuan yòng qiānbǐ xiě zì.
わたしは鉛筆で字を書くのが好きです。

「鉛筆を2本持ってきた」と言っているBに対し，鉛筆を忘れたAが「1本貸してもらえるか」と相手に依頼している①が正解です。

11 (7) A：今天下午我得去机场。
Jīntiān xiàwǔ wǒ děi qù jīchǎng.
きょうの午後，わたしは空港に行かなければなりません。

B：你去机场干什么？
Nǐ qù jīchǎng gàn shénme?
空港に何をしに行くのですか。

A：① 我姐姐住院了，我去看她。
Wǒ jiějie zhùyuàn le, wǒ qù kàn tā.
姉が入院したので，見舞いに行きます。

❷ **我姐姐来了，我去接她。**
Wǒ jiějie lái le, wǒ qù jiē tā.
姉が来るので，迎えに行きます。

③ 从这儿到上海要两个小时。
Cóng zhèr dào Shànghǎi yào liǎng ge xiǎoshí.
ここから上海まで2時間かかります。

④ 我坐出租汽车去机场。
Wǒ zuò chūzū qìchē qù jīchǎng.
わたしはタクシーで空港に行きます。

「空港に何をしに行くか」と行く目的を尋ねているBに対し，「姉を迎えに行く」と答えている②が正解です。①の「姉を見舞いに行く」は入院先が空港なのは不自然です。③は上海までの所要時間，④は空港までの交通手段を答えており，いずれも不適当です。

12 (8) A：你刚才去哪儿了？王老师在找你呢。
Nǐ gāngcái qù nǎr le? Wáng lǎoshī zài zhǎo nǐ ne.
さっきどこへ行っていたのですか。王先生があなたを探しておられましたよ。

B：我去图书馆了。王老师找我有什么事儿吗？
Wǒ qù túshūguǎn le. Wáng lǎoshī zhǎo wǒ yǒu shénme shìr ma?
図書館に行っていました。王先生は何か用事があってわたしを探しておられるのですか。

A：① 对不起，我不认识王老师。
Duìbuqǐ, wǒ bú rènshi Wáng lǎoshī.
すみません，わたしは王先生を存じ上げません。

② 没关系，我刚见过王老师。
Méi guānxi, wǒ gāng jiànguo Wáng lǎoshī.
大丈夫です，ついさっき王先生にお会いしたばかりです。

❸ 不知道，王老师没跟我说。
Bù zhīdào, Wáng lǎoshī méi gēn wǒ shuō.
知りません，王先生はわたしには話されませんでした。

④ 没问题，王老师病好多了。
Méi wèntí, Wáng lǎoshī bìng hǎo duō le.
問題ありません，王先生の病気はずっとよくなりました。

王先生が訪ねて来た用件を聞かれたAが返す内容としては，③の「知りません，王先生はわたしには話されませんでした」が適当です。

13 (9) A：再过半年，我就要大学毕业了。
Zài guò bàn nián, wǒ jiù yào dàxué bìyè le.
あと半年したら，わたしはもう大学を卒業します。

B：你打算毕业以后做什么工作呢？
Nǐ dǎsuan bìyè yǐhòu zuò shénme gōngzuò ne?
あなたは卒業したらどんな仕事をする予定ですか。

A：① 我爸爸是公务员。
Wǒ bàba shì gōngwùyuán.
わたしの父は公務員です。

❷ 我想当小学老师。
Wǒ xiǎng dāng xiǎoxué lǎoshī.
わたしは小学校の先生になりたいです。

③ 我想开车去上班。
Wǒ xiǎng kāichē qù shàngbān.
わたしは車で通勤したいです。

④ 我想去看医生。
Wǒ xiǎng qù kàn yīshēng.
わたしはお医者さんに診てもらいに行きたいです。

大学卒業後にどんな仕事に就くつもりかを尋ねているので，「小学校の先生になりたい」と自分の意志を答えている②が正解です。①は父の職業を，③は通勤手段を，④は「医者に診てもらいたい」と，今どうしたいかを答えており，いずれも不適当です。

14 (10) A：马上要下雨了，你还要出去呀？
Mǎshàng yào xià yǔ le, nǐ hái yào chūqu ya?
いまにも雨が降り出しそうだけれど，それでも出かけるのですか。

B：我得去邮局寄信。
Wǒ děi qù yóujú jì xìn.
郵便局に手紙を出しに行かなければならないのです。

A：① 那你可以给我写信。
Nà nǐ kěyǐ gěi wǒ xiě xìn.
では，わたしに手紙を書いてもいいですよ。

② 那你回来再写信。 Nà nǐ huílai zài xiě xìn.	では，戻ってきてから手紙を書きなさい。
③ 那你把雨伞放这儿。 Nà nǐ bǎ yǔsǎn fàng zhèr.	では，傘をここへ置きなさい。
❹ 那你得带着雨伞去。 Nà nǐ děi dàizhe yǔsǎn qù.	では，傘を持って行かなければなりませんよ。

Aがいまにも雨が降りそうだがそれでも出かけるのかと尋ねているのに対し，Bは「行かなくてはならない」と返しているので，④の「傘を持って行かなければ」が適切です。

2 長文聴解：

解答：(1)❹　(2)❸　(3)❷　(4)❸　(5)❶　(6)❸　(7)❶　(8)❷　(9)❷　(10)❶

会話文の聞き取り：　(5点×5)

16 A：喂，是黄冰冰家吗？	Wèi, shì Huáng Bīngbīng jiā ma?
B：我是黄冰冰。您是哪位？	Wǒ shì Huáng Bīngbīng. Nín shì nǎ wèi?
A：(1)我是马龙，高中同学，想起来了吗？	Wǒ shì Mǎ Lóng, gāozhōng tóngxué, xiǎngqilai le ma?
B：啊，马龙啊，咱们好几年没见面了吧。	À, Mǎ Lóng a, zánmen hǎojǐ nián méi jiànmiàn le ba.
A：有四年多了，(2)上次见面还是大学三年级的时候呢。	Yǒu sì nián duō le, shàng cì jiànmiàn hái shì dàxué sān niánjí de shíhou ne.
B：时间过得真快呀！现在咱们都工作了。	Shíjiān guòde zhēn kuài ya! Xiànzài zánmen dōu gōngzuò le.
A：这个春节你能在家住几天？	Zhège Chūnjié nǐ néng zài jiā zhù jǐ tiān?
B：住五天，这个星期日就回去。	Zhù wǔ tiān, zhège xīngqīrì jiù huíqu.
A：春节放假，怎么不多住几天呢？	Chūnjié fàngjià, zěnme bù duō zhù jǐ tiān ne?
B：工作太忙了，(3)下星期还要去美国出差。	Gōngzuò tài máng le, xià xīngqī hái yào qù Měiguó chūchāi.
17 A：啊，冰冰，你明天有时间吗？	À, Bīngbīng, nǐ míngtiān yǒu shíjiān ma?
B：我明天没事儿，你有什么安排吗？	Wǒ míngtiān méi shìr, nǐ yǒu shénme

ānpái ma?

A：(4)明天晚上咱们班同学有个同学会，你能参加吗？
Míngtiān wǎnshang zánmen bān tóngxué yǒu ge tóngxuéhuì, nǐ néng cānjiā ma?

B：可以呀，我也很想见见老同学呢。
Kěyǐ ya, wǒ yě hěn xiǎng jiànjian lǎo tóngxué ne.

A：好哇，时间是下午五点半，地点在长江大酒店。
Hǎo wa, shíjiān shì xiàwǔ wǔ diǎn bàn, dìdiǎn zài Cháng Jiāng Dàjiǔdiàn.

B：你是坐地铁去，还是坐出租车去？
Nǐ shì zuò dìtiě qù, háishi zuò chūzūchē qù?

A：(5)我开车去，我明天先去接你，咱们一起去吧。
Wǒ kāichē qù, wǒ míngtiān xiān qù jiē nǐ, zánmen yìqǐ qù ba.

B：谢谢，那我就在家里等你了。
Xièxie, nà wǒ jiù zài jiāli děng nǐ le.

訳：

A：もしもし，黄氷氷さんのお宅ですか。

B：わたしが黄氷氷です。どちらさまでしょうか。

A：(1)馬龍だよ，高校の同級生の，思い出した？

B：ああ，馬龍，わたしたち何年も会っていないわね。

A：４年余りになるね，(2)前回会ったのは大学３年の時だから。

B：時が過ぎるのは本当に速いわね！今ではわたしたちは仕事をするようになったわ。

A：今度の春節，君は何日家にいられるの？

B：５日間よ，この日曜日に戻るの。

A：春節休みなのに，どうしてもっと長くいないんだい？

B：仕事がひどく忙しいのよ，(3)来週はアメリカへ出張もしなくてはならないの。

A：そうだ，氷氷，あした時間はあるかい？

B：あしたは何もないわ，何か計画があるの？

A：(4)あしたの晩，僕らのクラスの人たちの同窓会があるんだ，君は参加できるかい？

B：いいわよ，わたしも昔のクラスメートにとても会いたいわ。

A：よし，時間は午後５時半，場所は長江大酒店だ。

B：あなたは地下鉄で行くの？それともタクシー？

A：(5)僕は自分で車を運転して行く。あしたまず君を迎えに行くから，一緒に行こうよ。

B：ありがとう，じゃ，家で待ってるわ。

18 (1) 問：冰冰和马龙是什么关系？
Bīngbīng hé Mǎ Lóng shì shénme guānxi?
氷氷と馬龍はどのような関係ですか。

答：① 他们在谈恋爱。
Tāmen zài tán liàn'ài.
恋愛中である。

② 他们在一起工作。
Tāmen zài yìqǐ gōngzuò.
一緒に働いている。

③ 他们是大学同学。
Tāmen shì dàxué tóngxué.
大学の同級生。

❹ **他们是高中同学。**
Tāmen shì gāozhōng tóngxué.
高校の同級生。

3行目で馬龍が“我是马龙，高中同学”と言っており，高校の同級生であることが分かります。④が正解です。

19 (2) 問：他们上次见面是在什么时候？
Tāmen shàng cì jiànmiàn shì zài shénme shíhou?
彼らが前回会ったのはいつですか。

答：① 参加工作的时候。
Cānjiā gōngzuò de shíhou.
仕事に就いた時。

② 大学四年级的时候。
Dàxué sì niánjí de shíhou.
大学4年の時。

❸ **大学三年级的时候。**
Dàxué sān niánjí de shíhou.
大学3年の時。

④ 大学毕业的时候。
Dàxué bìyè de shíhou.
大学を卒業した時。

7～8行目で馬龍が“上次见面还是大学三年级的时候呢”と「前回会ったのは“还”まだ大学3年生だった」と言っているのを聞き取ります。③が正解です。

20 (3) 問：冰冰为什么春节只能在家住五天？
Bīngbīng wèi shénme Chūnjié zhǐ néng zài jiā zhù wǔ tiān?
氷氷はなぜ春節に5日間しか家にいられないのですか。

答：① 因为她快要毕业了。
Yīnwei tā kuàiyào bìyè le.
まもなく卒業するから。

❷ 因为她下周要出差。 Yīnwei tā xià zhōu yào chūchāi.
翌週出張しなければならないから。

③ 因为她要开学了。 Yīnwei tā yào kāixué le.
まもなく学校が始まるから。

④ 因为她得参加同学会。 Yīnwei tā děi cānjiā tóngxuéhuì.
同窓会に参加しなければならないから。

> 15 ～ 16 行目で黄冰冰が“下星期还要去美国出差”と言って，仕事が忙しく“还”さらに次の週にはアメリカ出張しなくてはならないと言うのを聞き取ります。②が正解です。

21 (4) 問：马龙给冰冰打电话干什么？ Mǎ Lóng gěi Bīngbīng dǎ diànhuà gàn shénme?
馬龍は何のために氷氷に電話をしたのですか。

答：① 问冰冰春节能不能回来。 Wèn Bīngbīng Chūnjié néng bu néng huílai.
氷氷に春節に帰ってこられるかどうか尋ねるため。

② 问冰冰什么时候去美国。 Wèn Bīngbīng shénme shíhou qù Měiguó.
氷氷にいつアメリカに行くか尋ねるため。

❸ 问冰冰能不能参加同学会。 Wèn Bīngbīng néng bu néng cānjiā tóngxuéhuì.
氷氷に同窓会に参加できるかどうか尋ねるため。

④ 问冰冰什么时候回来过春节。 Wèn Bīngbīng shénme shíhou huílai guò Chūnjié.
氷氷に春節を過ごしにいつ帰ってくるか尋ねるため。

> 20 ～ 21 行目で馬龍が“明天晚上咱们班同学有个同学会，你能参加吗？”と同窓会に参加できるか尋ねているのを聞き取ります。③が正解です。

22 (5) 問：冰冰怎么去长江大酒店？ Bīngbīng zěnme qù Cháng Jiāng Dàjiǔdiàn?
氷氷はどうやって長江大酒店に行きますか。

答：❶ 坐马龙的车去。 Zuò Mǎ Lóng de chē qù.
馬龍の車で行く。

② 坐地铁去。 Zuò dìtiě qù.
地下鉄で行く。

③ 坐出租车去。Zuò chūzūchē qù.
タクシーで行く。

④ 自己开车去。Zìjǐ kāichē qù.
自分で車を運転して行く。

28～29行目で馬龍が“我开车去，我明天先去接你，咱们一起去吧”と車で迎えに行こうと提案するのを受けて，黄冰冰が“谢谢，那我就在家里等你了”と答えているのを聞き取ります。①が正解です。

文章の聞き取り：貿易会社に勤めるわたしと家族の通勤通学や日常です。（5点×5）

30 我是一个普通的公司职员，(6)在市中心的一家贸易公司工作。我家离公司很远，每天上下班都要坐一个小时地铁。从我家到地铁站走路大约二十分钟，骑自行车要八分钟。另外，也可以(8)坐公交车去地铁站，大约十分钟。(7)我每天上班总是走着去地铁站。我儿子是高中生，他每天都是骑自行车去地铁站。我还有个女儿，是小学生。女儿的学校离我们家很近。

31 我家附近有一家超市，我爱人平时经常去那儿买东西。(9)地铁站旁边儿有一个很大的多功能购物中心，六楼有各种各样的餐厅。那里既有日本料理店，又有中国餐馆儿和韩国餐馆儿，还有一个意大利餐厅。购物中心的七楼还有一个电影院。(10)星期六或者星期天，我们一家人经常开车去那里看电影，有时候看完电影后还去楼下的餐厅吃饭。我们全家都爱吃中国菜，所以我们经常在中国餐馆儿吃饭。

Wǒ shì yí ge pǔtōng de gōngsī zhíyuán, zài shì zhōngxīn de yì jiā màoyì gōngsī gōngzuò. Wǒ jiā lí gōngsī hěn yuǎn, měi tiān shàngxiàbān dōu yào zuò yí ge xiǎoshí dìtiě. Cóng wǒ jiā dào dìtiězhàn zǒulù dàyuē èrshí fēn zhōng, qí zìxíngchē yào bā fēn zhōng. Lìngwài, yě kěyǐ zuò gōngjiāochē qù dìtiězhàn, dàyuē shí fēn zhōng. Wǒ měi tiān shàngbān zǒngshì zǒuzhe qù dìtiězhàn. Wǒ érzi shì gāozhōngshēng, tā měi tiān dōu shì qí zìxíngchē qù dìtiězhàn. Wǒ hái yǒu ge nǚ'ér, shì xiǎoxuéshēng. Nǚ'ér de xuéxiào lí wǒmen jiā hěn jìn.

Wǒ jiā fùjìn yǒu yì jiā chāoshì, wǒ àiren píngshí jīngcháng qù nàr mǎi dōngxi. Dìtiězhàn pángbiānr yǒu yí ge hěn dà de duōgōngnéng gòuwù zhōngxīn, liù lóu yǒu gèzhǒng-gèyàng de cāntīng. Nàli jì yǒu Rìběn liàolǐdiàn, yòu yǒu Zhōngguó cānguǎnr hé Hánguó cānguǎnr, hái yǒu yí ge Yìdàlì cāntīng. Gòuwù zhōngxīn de qī lóu hái yǒu yí ge diànyǐngyuàn. Xīngqīliù huòzhě xīngqītiān, wǒmen yìjiārén jīngcháng kāichē qù nàli kàn diànyǐng, yǒu shíhou kànwán diànyǐng hòu hái qù lóuxià de cāntīng chī fàn. Wǒmen quán jiā dōu ài chī Zhōngguó cài, suǒyǐ wǒmen jīngcháng zài Zhōngguó cānguǎnr chī fàn.

訳：わたしは普通の会社員で，(6)市の中心部にある貿易会社で働いています。わたしの家は会社から遠く，毎日の通勤には地下鉄で1時間もかかります。わたしの家から地下鉄の駅までおよそ徒歩20分で，自転車で行くと8分かかります。また，(8)バスで地下鉄の駅まで行くこともでき，だいたい10分です。(7)わたしは毎日出勤するとき，いつも歩いて地下鉄の駅まで行きます。わたしの息子は高校生で，彼は毎日自転車で地下鉄の駅まで行きます。わたしには娘もいて，小学生です。娘の学校はわたしたちの家から近いです。

我が家の近くにはスーパーマーケットがあり，妻はふだんよくそこへ買い物に行きます。(9)地下鉄の駅のそばには大きな複合型ショッピングセンターがあり，6階にはいろいろなレストランが入っています。そこには日本料理店もあれば，中華料理店や韓国料理店，それからイタリアンレストランもあります。ショッピングセンターの7階には映画館もあります。(10)土曜日か日曜日に，わたしたち一家はよく車でそこへ映画を観に行き，映画を観終わってから，階下のレストランに食事に行くこともあります。家族全員，中華料理が好きなので，わたしたちはよく中華料理店で食事をします。

32 (6) 問：我在哪儿工作？ Wǒ zài nǎr gōngzuò? ／ わたしはどこで働いていますか。

答：① 在贸易中心工作。 Zài Màoyì Zhōngxīn gōngzuò. ／ 貿易センターで働いている。

② 在地铁站工作。 Zài dìtiězhàn gōngzuò. ／ 地下鉄の駅で働いている。

❸ 在贸易公司工作。 Zài màoyì gōngsī gōngzuò. ／ 貿易会社で働いている。

④ 在购物中心工作。 Zài gòuwù zhōngxīn gōngzuò. ／ ショッピングセンターで働いている。

1行目に“在市中心的一家贸易公司工作”とあるので，③を選びます。

33 (7) 問：我每天怎么去地铁站？ Wǒ měi tiān zěnme qù dìtiězhàn? ／ わたしは毎日どうやって地下鉄の駅まで行っていますか。

答：**❶ 走着去。** Zǒuzhe qù. ／ 歩いて行っている。

② 坐公交车去。 Zuò gōngjiāochē qù. ／ バスで行っている。

③ 骑自行车去。 Qí zìxíngchē qù. ／ 自転車で行っている。

④ 开车去。 Kāichē qù. ／ 車を運転して行っている。

4行目に“我每天上班总是走着去地铁站”とあるので，①を選びます。“着”は（同一主語が2つの動詞を伴う場合）前の動詞に付き，後の動作がどのような状態で行われるかを表します。

34 (8) 問：坐公交车到地铁站需要多长时间？
Zuò gōngjiāochē dào dìtiězhàn xūyào duō cháng shíjiān?
バスで地下鉄の駅まで行くにはどれくらいの時間がかかりますか。

答：① 八分钟。 Bā fēn zhōng. 8分。
❷ 十分钟。 Shí fēn zhōng. 10分。
③ 二十分钟。Èrshí fēn zhōng. 20分。
④ 一个小时。Yí ge xiǎoshí. 1時間。

3行目に“坐公交车去地铁站，大约十分钟”とあるので，②を選びます。“坐公交车去”は前の動詞が後の動詞の手段を表している。

35 (9) 問：意大利餐厅在哪儿？
Yìdàlì cāntīng zài nǎr?
イタリアンレストランはどこにありますか。

答：① 在购物中心的七楼。
Zài gòuwù zhōngxīn de qī lóu.
ショッピングセンターの7階。

❷ 在购物中心的六楼。
Zài gòuwù zhōngxīn de liù lóu.
ショッピングセンターの6階。

③ 在购物中心旁边儿。
Zài gòuwù zhōngxīn pángbiānr.
ショッピングセンターの隣。

④ 在购物中心附近。
Zài gòuwù zhōngxīn fùjìn.
ショッピングセンターの近く。

6～7行目に“地铁站旁边儿有一个很大的多功能购物中心，六楼有各种各样的餐厅”とあるので，②を選びます。“多功能购物中心”は複合型ショッピングセンター。

36 (10) 問：我们星期六、星期天经常干什么？
Wǒmen xīngqīliù、xīngqītiān jīngcháng gàn shénme?
わたしたちは土曜日や日曜日によく何をしますか。

答：❶ 经常去看电影。
Jīngcháng qù kàn diànyǐng.
よく映画を観に行く。

② 经常去超市买东西。
Jīngcháng qù chāoshì mǎi dōngxi.
よくスーパーマーケットに買い物に行く。

③ 经常去韩国餐馆儿吃饭。
Jīngcháng qù Hánguó cānguǎnr chī fàn.
よく韓国料理店に食事に行く。

④ 经常去吃日本料理。
Jīngcháng qù chī Rìběn liàolǐ.
よく日本料理を食べに行く。

9 行目に“星期六或者星期天，我们一家人经常开车去那里看电影”とあるので，①を選びます。

筆　記

1

解答：1.⑴❶　⑵❷　⑶❹　⑷❹　⑸❷　2.⑹❶　⑺❷　⑻❸　⑼❹　⑽❸

1. 発音　声調の組み合わせ：2 音節の単語の声調パターンが身に付いているかどうかを問うている。初級中国語の学習では声母や韻母に注意が行き，声調がついおろそかになりがちです。単語を覚えるときは，声調もしっかり身に付けましょう。

（2 点× 5）

⑴ 生活 shēnghuó（生活）

❶ 说明 shuōmíng（説明する）
② 牛奶 niúnǎi（牛乳）
③ 回家 huí jiā（家に帰る）
④ 熊猫 xióngmāo（パンダ）

⑵ 棒球 bàngqiú（野球）

① 考试 kǎoshì（試験）
❷ 过年 guònián（新年を迎える）
③ 非常 fēicháng（非常に）
④ 旅行 lǚxíng（旅行する）

⑶ 开始 kāishǐ（始める）

① 回答 huídá（答える）
② 古代 gǔdài（古代）
③ 可能 kěnéng（…かもしれない）
❹ 公里 gōnglǐ（キロメートル）

⑷ 照相 zhàoxiàng（写真を撮る）

① 寒假 hánjià（冬休み）
② 愉快 yúkuài（愉快だ）
③ 学校 xuéxiào（学校）
❹ 对话 duìhuà（対話する）

⑸ 主要 zhǔyào（主要な）

① 做客 zuòkè（客になる）
❷ 法律 fǎlǜ（法律）
③ 社会 shèhuì（社会）
④ 杂志 zázhì（雑誌）

2. 発音　声母・韻母のピンイン表記：漢字で表記された単語を正確に発音しピンイン表記と一致させることができるかどうかが問われています。その単語を正確に発音できるかどうかは，ピンインによるチェックが効果的です。　(2点×5)

(6) 打扫（掃除する）

❶ **dǎsǎo**　② dǎshǎo　③ dàsǎo　④ dàshǎo

(7) 暖和（暖かい）

① nuǎnhé　❷ **nuǎnhuo**　③ luǎnhé　④ luǎnhuo

(8) 迟到（遅刻する）

① cǐdào　② chítào　❸ **chídào**　④ cǐtào

(9) 方便（便利だ）

① fāngpián　② fēngbiàn　③ fēngpián　❹ **fāngbiàn**

(10) 历史（歴史）

① lìsǐ　② líshǐ　❸ **lìshǐ**　④ lísǐ

2

解答：(1)❹　(2)❸　(3)❸　(4)❶　(5)❸　(6)❷　(7)❶　(8)❷　(9)❹　(10)❸

空欄補充：空欄に入る語はいずれも文法上のキーワードです。　(2点×10)

(1) 你（ 对 ）中国历史感兴趣吗？
Nǐ duì Zhōngguó lìshǐ gǎn xìngqù ma?

あなたは中国の歴史に興味がありますか。

① 跟 gēn　② 给 gěi　③ 向 xiàng　❹ **对 duì**

適切な介詞を選ぶ問題です。「…に興味がある」は“对…感兴趣”という形式で表現しますので④“对”が正解です。①“跟”は「…と」，②“给”は「…のために」，③“向”は「…に向かって」という意味の介詞です。

(2) 他这次不是来旅游（ 的 ）。
Tā zhè cì bú shì lái lǚyóu de.

彼は今回観光旅行で来たのではありません。

① 了 le　② 着 zhe　❸ **的 de**　④ 过 guo

強調構文“是…的”を形成する③“的”が正解です。①“了”は完了を，②“着”は持続を，④“过”は経験を表す助詞です。

⑶ 我哥哥很喜欢（ 弹 ）吉他。
Wǒ gēge hěn xǐhuan tán jítā.

兄はギターを弾くのがとても好きです。

① 吹 chuī　② 打 dǎ　❸ 弹 tán　④ 拉 lā

弦楽器・鍵盤楽器など指ではじいて演奏する楽器には③“弹”を用います。①“吹”は管楽器に，②“打”は打楽器に，④“拉”はバイオリンなど弓を用いて演奏する，あるいはアコーディオンなど手で引いて演奏する楽器に用います。

⑷ 她（ 既 ）是我的老师，又是我的朋友。
Tā jì shì wǒ de lǎoshī, yòu shì wǒ de péngyou.

彼女はわたしの先生でもあり，また友人でもある。

❶ 既 jì　② 或 huò　③ 都 dōu　④ 还 hái

①“既”を用いて“既…又…”で「…でもあり…でもある」という意味になり，これが正解です。②“或”は「あるいは」，③“都”は「みな」，④“还”は「まだ，なお」という意味です。

⑸ 我（ 有点儿 ）不舒服，什么都不想做。
Wǒ yǒudiǎnr bù shūfu, shénme dōu bù xiǎng zuò.

わたしは少し気分が悪くて，何もしたくない。

① 一点儿 yìdiǎnr　② 一会儿 yíhuìr
❸ 有点儿 yǒudiǎnr　④ 一下儿 yíxiàr

望ましくないことについて「少し」というときに用いる副詞③“有点儿”が正解です。①“一点儿”は形容詞の後ろに置いて「少し」というとき，②“一会儿”は「しばらく」，④“一下儿”は動詞の後に置いて「ちょっと」というときに用います。

⑹ 那本书已经（ 被 ）人借走了。
Nà běn shū yǐjīng bèi rén jièzǒu le.

その本はすでに誰かに借りて行かれていた。

① 使 shǐ　❷ 被 bèi　③ 为 wèi　④ 与 yǔ

受け身を表す介詞②“被”が正解です。①“使”は「…に…させる」という意味の使役動詞で，③“为”は「…のために」，④“与”は「…と」という意味の介詞です。

(7) 你以后不能（ 再 ）迟到了。
Nǐ yǐhòu bù néng zài chídào le.

これからはもう遅刻してはいけませんよ。

❶ 再 zài　② 才 cái　③ 还 hái　④ 又 yòu

副詞の問題です。否定詞とともに「もう…しない」というときには①“再”を用います。②“才”は「やっと」，③“还”は「まだ，なお」，④“又”はすでに実現済みのことに対して用いる「また」です。

(8) 没想到他的决心那么（ 大 ）。
Méi xiǎngdào tā de juéxīn nàme dà.

彼の決心があんなに固いとは思いませんでした。

① 硬 yìng　❷ 大 dà　③ 高 gāo　④ 好 hǎo

「決心が固いこと」をいうには形容詞“大”を用います。①“硬”は「強硬だ」，③“高”は「高い」，④“好”は「よい」という意味です。②の“大”が正解です。

(9) 你（ 不要 ）躺着看书，对眼睛不好。
Nǐ búyào tǎngzhe kàn shū, duì yǎnjing bù hǎo.

寝転んで本を読んではいけません。目を悪くしますよ。

① 不然 bùrán　② 不好 bù hǎo　③ 不是 bú shì　❹ 不要 búyào

「…してはいけない」という禁止を表す副詞④“不要”が正解です。①“不然”は「さもなければ」，②“不好”は「…しにくい」，③“不是”は「…ではない」という意味です。

(10) （ 虽然 ）我想买辆汽车，（ 但是 ）没有钱。
Suīrán wǒ xiǎng mǎi liàng qìchē, dànshì méiyǒu qián.

わたしは車を買いたいが，お金がない。

① 因为…所以… yīnwei…suǒyǐ…　② 不是…就是… bú shì…jiù shì…
❸ 虽然…但是… suīrán…dànshì…　④ 不但…而且… búdàn…érqiě…

「…だけれども，しかし…」という組み合わせの③“虽然…但是…”が正解です。①“因为…所以…”は「…なので…」，②“不是…就是…”は「…でなければ…だ」，④“不但…而且…”は「…だけでなく，しかも…」という意味です。なお，“买辆汽车”の“辆”は“汽车”を数える量詞です。訳出されていませんが，中国語としてはあったほうが自然です。

3

解答：1.(1)❹ (2)❸ (3)❷ (4)❷ (5)❶ 2.(6)❹ (7)❶ (8)❹ (9)❸ (10)❷

1. **日文中訳（語順選択）：文法上のキーワードを含む基本的な文を正確に組み立てることができるかどうかを問うています。** （2点×5）

(1) あなたはどうしてこんなに遅く来たのですか。

① 你才这么晚怎么来？

② 你怎么才来这么晚？

③ 你才怎么这么晚来？

❹ 你怎么这么晚才来？ Nǐ zěnme zhème wǎn cái lái?

「どうしてこんなに…」は“怎么这么…”と表現し，“晚”（時間が遅い）を後に続けます。「やっと」という意味の副詞“才”は動詞の直前に置かれます。

(2) わたしはたくさん買い物をしてきました。

① 我买很多回来东西了。

② 我很多东西买回来了。

❸ 我买回来了很多东西。 Wǒ mǎihuilaile hěn duō dōngxi.

④ 我买回来了东西很多。

「たくさんの物を買って帰ってきた」のように表現します。複合方向補語を用いた文では目的語を“来”“去”の前に置くことが多いですが，すでに実現した出来事であれば，後ろに置くことができます。

(3) 呉さんはあした上海へ出張します。

① 小吴明天要上海去出差。

❷ 小吴明天要去上海出差。 Xiǎo Wú míngtiān yào qù Shànghǎi chūchāi.

③ 小吴明天要出差上海去。

④ 小吴要出差上海明天去。

「“去”+“上海”（目的地）+“出差”（目的）」の形で，連動文を用いて表現します。後の動詞“出差”が前の動詞“去”の目的を表しています。時点を表す“明天”は述部の前に置かれます。

⑷ わたしは昨晩2時間しか寝ていません。

① 我昨天晚上只两个小时睡觉了。

❷ **我昨天晚上只睡了两个小时觉。**

Wǒ zuótiān wǎnshang zhǐ shuìle liǎng ge xiǎoshí jiào.

③ 我昨天晚上两个小时只睡觉了。

④ 我昨天晚上睡了只两个小时觉。

動作を行う時間を表す補語“两个小时”は離合詞“睡觉”の間に割って入ります。副詞“只”は動詞の前に置かれます。「いつ」を表す“昨天晚上”は主語の前か後に置きます。

⑸ 彼女はどうしてもその写真をわたしに見せてくれません。

❶ **她怎么也不让我看那张照片。**

Tā zěnme yě bú ràng wǒ kàn nà zhāng zhàopiàn.

② 她怎么也让我不看那张照片。

③ 她让那张照片怎么也不看我。

④ 她让我怎么也不看那张照片。

「どうしても（…ない）」は“怎么也…”を用います。「人に…させない」という使役の否定表現は「“不”＋“让”＋人＋…」という語順になります。

2. 日文中訳（語順整序）：与えられた語句を用いて正確に文を組み立てることができるかどうかを問うています。 （2点×5）

⑹ 前方から子どもが1人走って来ました。

前面 ［ ❹ **跑** ］ ① 过来 ③ 一个 ② 孩子。

Qiánmiàn pǎoguolai yí ge háizi.

存現文のうち，出現を表す文です。「場所・時間＋出現を表す動詞（ここでは“跑”）＋その他の成分＋出現する人・モノ」の語順をとります。意味上の主語が動詞の後に来ることに注意しましょう。

⑺ 先生は学生にレポートを書くようにおっしゃいました。

老师 ［ ❶ **叫** ］ ③ 学生 ④ 写 ② 报告。

Lǎoshī jiào xuésheng xiě bàogào.

「人に…させる／人に…するよう命じる」という使役の表現は「命令者＋“叫”＋動作主＋動作主にさせる行為」の語順です。

⑻ 入場券はまだ買えますか。

门票　③ 还　② 买　［ ❹ 得 ］ ① 到　吗？

Ménpiào hái mǎidedào ma?

「買える」は可能補語を用いて“买得到”で表現し，「まだ」を表す副詞“还”はその前にを置きます。

⑼ 彼女は中国人と同じように中国語を流暢に話します。

她汉语说得　④ 跟　［ ❸ 中国人 ］ ② 一样　① 流利。

Tā Hànyǔ shuōde gēn Zhōngguórén yíyàng liúlì.

「AはBと同じように…だ」は“A跟B一样…”で表現します。「中国人と同じように流暢だ」という意味の“跟中国人一样流利”が“说”の様態補語としてその状態がどの程度に達しているかを説明しています。

⑽ 彼は会議でひと言も話しませんでした。

他在会上　③ 连　④ 一句话　［ ❷ 也 ］ ① 没　说。

Tā zài huìshang lián yí jù huà yě méi shuō.

「…（さえ）も…しない」は「“连”＋目的語＋“也”＋“没”＋動詞」という表現を用います。“也”の代わりに“都”を用いることもあります。

4 長文読解

解答：(1)❹　(2)❷　(3)❶　(4)❸　(5)❸　(6)❷

空欄補充と内容理解：まとまった内容をもつ長文を正確に理解しているかどうかを，キーワードを正しく空欄に補充させることによって問うています。

我的名字叫孙晔，(1)如果 把“晔”这个字分开，就是“日”和“华”，这不是代表日本和中国吗？所以我和日本有缘分，(6)我 10 岁时就去过日本。时隔 15 年，今年夏天我又去了一次日本。

小时候去日本的记忆已经模糊了，只有新宿的高楼大厦和秋叶原电器街的繁华还有点儿印象。这次，我从上海机场坐飞机到小松机场。(2)一 下飞机，(2)就 看到了小松机场的航站楼。这么小啊！我有点儿怀疑，这儿是日本的机场吗？我坐车去金泽，看到了道路两旁的田野，远处的森林和群山，不时地还有几间日式房屋。这时我有了一个预感，这次旅行我会有意外的惊喜。

六天的旅游，(3)尽管 没有去东京，没有看富士山，(3)但是 我看到了跟 15 年前不一样的日本。兼六园、金泽城、茶屋街，(4)让 我感受到了日本古朴、典雅的一面。早就听说日本传统文化保护得很好，金泽就是一个典范，它给我留下了深刻的印象。难怪有人说这里是日本人的“心灵之都”。

回到中国以后，我也在思考自己的“心灵之都”在哪里 (5)呢 ？

Wǒ de míngzi jiào Sūn Yè, rúguǒ bǎ “Yè” zhège zì fēnkāi, jiù shì “rì” hé “huá”, zhè bú shì dàibiǎo Rìběn hé Zhōngguó ma? Suǒyǐ wǒ hé Rìběn yǒu yuánfen, wǒ shí suì shí jiù qùguo Rìběn. Shí gé shíwǔ nián, jīnnián xiàtiān wǒ yòu qùle yí cì Rìběn.

Xiǎoshíhou qù Rìběn de jìyì yǐjīng móhu le, zhǐ yǒu Xīnsù de gāolóu-dàshà hé Qiūyèyuán Diànqìjiē de fánhuá hái yǒu diǎnr yìnxiàng. Zhè cì, wǒ cóng Shànghǎi Jīchǎng zuò fēijī dào Xiǎosōng Jīchǎng. Yí xià fēijī, jiù kàndàole Xiǎosōng Jīchǎng de hángzhànlóu. Zhème xiǎo a! Wǒ yǒudiǎnr huáiyí, zhèr shì Rìběn de jīchǎng ma? Wǒ zuò chē qù Jīnzé, kàndàole dàolù liǎngpáng de tiányě, yuǎnchù de sēnlín hé qúnshān, bùshí de hái yǒu jǐ jiān Rìshì fángwū. Zhè shí wǒ yǒule yí ge yùgǎn, zhè cì lǚxíng wǒ huì yǒu yìwài de jīngxǐ.

Liù tiān de lǚyóu, jǐnguǎn méiyou qù Dōngjīng, méiyou kàn Fùshì Shān, dànshì wǒ kàndàole gēn shíwǔ nián qián bù yíyàng de Rìběn. Jiānliùyuán、Jīnzéchéng、Cháwūjiē, ràng wǒ gǎnshòudàole Rìběn gǔpǔ、diǎnyǎ de yímiàn. Zǎojiù tīngshuō Rìběn chuántǒng wénhuà bǎohùde hěn hǎo, Jīnzé jiù shì yí ge diǎnfàn, tā gěi wǒ liúxiàle shēnkè de yìnxiàng. Nánguài yǒu rén shuō zhèli shì Rìběnrén de“xīnlíng zhī dū”.

Huídào Zhōngguó yǐhòu, wǒ yě zài sīkǎo zìjǐ de “xīnlíng zhī dū” zài nǎli ne ?

訳:わたしの名前は“孙晔”と言います。“晔”という字を分けたら，つまり“日”と“华”になりますが，日本と中国を表しているではありませんか。そんなわけでわたしは日本と縁があり，(6)10 歳のとき日本に行ったことがあります。15 年の時を経て，今年の夏わたしはまた日本に行きました。

小さいころ日本に行った記憶はもうあいまいになっていて，新宿の高層ビルと秋葉原の電気街のにぎやかさだけがまだ少し印象に残っています。今回わたしは上海空港から飛行機で小松空港へ行きました。飛行機を降りたとたん，小松空港の空港ターミナルビルが見えました。こんなに小さいなんて！わたしは，ここが日本の空港なの？といぶかしく思いました。わたしは車で金沢に行き，道路の両脇の田野，遠くの森林や山々，それにしばしば何軒かの日本家屋があるのを目にしました。この時わたしは一つの予感を抱きました。今度の旅行にはきっと思いがけない喜びがあるだろう。

6日間の旅行で，東京には行かず，富士山も目にしてはいませんが，それでもわたしは15年前とは異なる日本を見ることができました。兼六園，金沢城，茶屋街に，日本の古風で素朴で優美な一面を感じました。以前から日本は伝統文化をよく保護していると聞いていましたが，金沢はまさしくその模範で，わたしに深い印象を残しました。道理でここが日本人の「心のふるさと」だと言う人がいるわけです。

中国に帰ってからも，わたしは自分の「心のふるさと」はどこにあるのだろうかと考えています。

⑴ 空欄補充　(3点)

① 即使 jíshǐ　② 就算 jiùsuàn　③ 既然 jìrán　❹ 如果 rúguǒ

接続詞の問題です。「もし…ならば」という仮定を表す④“如果”が正解です。①“即使”，②“就算”は「たとえ…であっても」，③“既然”は「…である以上は」という意味です。

⑵ 空欄補充（2か所）　(3点)

① 越…越… yuè…yuè…　❷ **一…就…** yī…jiù…

③ 连…都… lián…dōu…　④ 又…又… yòu…yòu…

「…するとすぐに…」という組み合わせの②“一…就…”が正解です。①“越…越…”は「…すればするほど…である，…であればあるほど…である」，③“连…都…”は「…さえも」，④“又…又…”は「…でもあり…でもある，…もするし…もする」という意味です。

⑶ 空欄補充（2か所）　(4点)

❶ **尽管…但是…** jǐnguǎn…dànshì…　② 即使…也… jíshǐ…yě…

③ 由于…所以… yóuyú…suǒyǐ…　④ 只要…就… zhǐyào…jiù…

「…にもかかわらず…」という逆接関係を表す①“尽管…但是…”が

正解です。②“即使…也…”は「たとえ…であっても」，③“由于…所以…”は「…なので…」，④“只要…就…”は「…しさえすれば…」という意味です。

(4) 空欄補充　　(3点)

① 被 bèi　　② 给 gěi　　❸ 让 ràng　　④ 把 bǎ

「…に…させる」という使役を表す動詞③“让”が正解です。①“被”は受け身を，②“给”は「…に」という動作の方向を，④“给”は「…を」と処置を加える動作の対象物を示す介詞です。

(5) 空欄補充　　(3点)

① 吗 ma　　② 吧 ba　　❸ 呢 ne　　④ 嘛 ma

語気助詞の問題です。疑問詞疑問文の末尾に置いて疑問の語気を強める③“呢”が正解です。①“吗”は「…か？」という普通の疑問文を作る語気助詞です。②“吧”は推量もしくは提案の語気を，④“嘛”は「当然そうあるべきだ」という語気を表す助詞です。

(6) 内容の一致　　(4点)

① 上海就是我的“心灵之都”。
Shànghǎi jiù shì wǒ de “xīnlíng zhī dū”.
(上海こそわたしの「心のふるさと」である。)

❷ 我今年二十五岁，是第二次去日本。
Wǒ jīnnián èrshiwǔ suì, shì dì-èr cì qù Rìběn.
(わたしは今年25歳で，日本に行ったのは2度目である。)

③ 金泽在传统文化保护方面还有一些难题。
Jīnzé zài chuántǒng wénhuà bǎohù fāngmiàn hái yǒu yìxiē nántí.
(金沢には伝統文化の保護の面でなおいくつかの難題がある。)

④ 小松机场跟我想像的一样大。
Xiǎosōng Jīchǎng gēn wǒ xiǎngxiàng de yíyàng dà.
(小松空港はわたしが想像していたのと同じくらい大きかった。)

2～3行目“我10岁时就去过日本。时隔15年，今年夏天我又去了一次日本”から，わたしの年齢は25歳であり，来日が2度目であることが分かるので，②が正解です。「わたしの心のふるさと」はどこだろうかと自問しているので①ではありません。12 ～ 13 行目で「以前から日本は伝統文化をよく保護していると聞いていましたが，金沢はまさしくその模範で…」とあるので③は本文の内容に一致しません。④も 6 ～ 7 行目で「こんなに小さいなんて！わたしは，ここが日本の空港なの？」とあり，本文の内容と一致しません。

5 日文中訳（記述式）

(4 点 × 5)

⑴ わたしは週に 2 日アルバイトをしています。

我一个星期打两天工。 Wǒ yí ge xīngqī dǎ liǎng tiān gōng.

動作を行う時間の長さを表す補語“两天”は離合詞“打工”の間に割り込ませます。「週に」つまり「1 週間につき」に相当する“一个星期”は述部の前に置きます。

⑵ この文を中国語に訳してください。

请把这句话翻译成中文。 Qǐng bǎ zhè jù huà fānyìchéng Zhōngwén.

“把”構文を用います。“把”構文の語順は「主語＋“把”＋目的語＋動詞＋その他の成分（補語など）」です。ここでの「中国語」は「中国語の文章」の意ですので，“汉语”よりも“中文”が適当です。“翻译成”は“翻成”としてもかまいません。「…してください」と依頼しているので文頭に“请”を用います。

⑶ 午後あなたにメールをします。

下午我给你发邮件。 Xiàwǔ wǒ gěi nǐ fā yóujiàn.

動作・行為の相手を示す介詞句“给你”を動詞句“发邮件”の前に置きます。時点を表す“下午”は文頭に置きます。「メール」は“电子邮件”“伊妹儿”“短信”とも言います。

⑷ 東京の冬は北海道ほど寒くありません。

东京的冬天没有北海道冷。 Dōngjīng de dōngtiān méiyǒu Běihǎi Dào lěng.

「A は B ほど…ではない」という比較表現の否定形の語順は「A ＋“没（有）”＋ B ＋形容詞」です。形容詞の前に“那么”“这么”をつけてもかまいません。

(5) もし雨が降れば，わたしは参加しないことにします。

要是下雨 (的话)，我就不参加了。

Yàoshi xià yǔ (dehuà), wǒ jiù bù cānjiā le.

“要是…（的话)，就…”で「もし…ならば」という意味になります。仮定の接続詞には他に“如果”などがあります。「…しないことにする」は状況の変化を表現していますので，文末に“了”を置きます。

第99回
(2019年11月)

問　題

解答時間：計100分

配点：リスニング100点，筆記100点

解答と解説

リスニング （⇨解答と解説47頁）

03 1　1. (1)～(5)の問いを聞き，答えとして最も適当なものを，それぞれ①～④の中から1つ選び，その番号を解答欄にマークしなさい。 (25点)

04 (1)

①　②　③　④

05 (2)

①　②　③　④

06 (3)

①　②　③　④

07 (4)

①　②　③　④

08 (5)

①　②　③　④

09　2. (6)～(10)のAとBの対話を聞き，Bの発話に続くAのことばとして最も適当なものを，それぞれ①～④の中から1つ選び，その番号を解答欄にマークしなさい。

(25点)

10 (6)

①　②　③　④

11 (7)

①　②　③　④

12 (8)

①　②　③　④

13 (9)

①　②　③　④

14 (10)

①　②　③　④

15 **2** 中国語を聞き，(1)～(10)の問いの答えとして最も適当なものを，それぞれ①～④の中から１つ選び，その番号を解答欄にマークしなさい。 (50点)

16 メモ欄

23

17

24

(1)～(5)の問いは音声のみで，文字の印刷はありません。

18 (1)

25 ①　②　③　④

19 (2)

26 ①　②　③　④

20 (3)

27 ①　②　③　④

21 (4)

28 ①　②　③　④

22 (5)

29 ①　②　③　④

30 メモ欄

37

31

38

32 (6) 我第一次坐火车是去做什么？

39 ① ② ③ ④

33 (7) 以前的火车怎么样？

40 ① ② ③ ④

34 (8) 我从学校回家要多长时间？

41 ① ② ③ ④

35 (9) 坐高铁不方便的是什么？

42 ① ② ③ ④

36 (10) 以前我怎么从火车站回家？

43 ① ② ③ ④

筆　記 （⇨解答と解説59頁）

1　1. (1)～(5)の中国語と声調の組み合わせが同じものを，それぞれ①～④の中から１つ選び，その番号を解答欄にマークしなさい。　(10 点)

(1) 人口　① 报告　② 寒冷　③ 篮球　④ 温暖

(2) 考试　① 讲话　② 可惜　③ 新闻　④ 打扰

(3) 季节　① 打针　② 住院　③ 时刻　④ 放学

(4) 农村　① 茶叶　② 学期　③ 整天　④ 卫生

(5) 气候　① 流行　② 光明　③ 快乐　④ 美丽

2. (6)～(10)の中国語の正しいピンイン表記を，それぞれ①～④の中から１つ選び，その番号を解答欄にマークしなさい。　(10 点)

(6) 更加　① gēngjiā　② gèngjiā　③ gēnjiā　④ gènjià

(7) 经济　① jīngjì　② jīngqì　③ jīnjì　④ jīnqì

(8) 努力　① nǚlǜ　② nǚlì　③ núlì　④ nǔlì

(9) 互相　① fùxiāng　② hùxiāng　③ fùshāng　④ hùshāng

(10) 重新　① chóngxīn　② chóngxīng　③ zhòngxīn　④ zhòngxīng

2 (1)～(10)の文の空欄を埋めるのに最も適当なものを，それぞれ①～④の中から１つ選び，その番号を解答欄にマークしなさい。 (20点)

(1) 请你不（　　　）在这里抽烟。
① 用　② 会　③ 要　④ 想

(2) 我想买（　　　）喝的东西。
① 一点儿　② 有些　③ 有点儿　④ 一会儿

(3) 你（　　　）谁学的汉语?
① 从　② 跟　③ 对　④ 往

(4) 我们每天走（　　　）上学。
① 了　② 过　③ 着　④ 的

(5) 我讲了好多遍，他（　　　）明白。
① 又　② 还　③ 就　④ 才

(6)（　　　）期末考试还有两个星期。
① 从　② 离　③ 在　④ 和

(7) 我送给他一（　　　）西服。
① 双　② 套　③ 张　④ 条

(8) 今天的考试我考（　　　）不太理想。
① 得　② 着　③ 到　④ 了

(9) 我们班里小王最（　　　）买东西。
① 要　② 可以　③ 得　④ 会

(10) 今天没时间了，咱们明天（　　　）谈吧。
① 也　② 又　③ 再　④ 就

3 1. ⑴～⑸の日本語の意味に合う中国語を，それぞれ①～④の中から１つ選び，その番号を解答欄にマークしなさい。 (10点)

⑴ あしたの親睦会は誰でも参加できます。

① 明天的联欢会参加都谁可以。

② 明天的联欢会可以参加都谁。

③ 明天的联欢会都谁参加可以。

④ 明天的联欢会谁都可以参加。

⑵ 机の上に本が１冊置いてある。

① 桌子上一本书放着。

② 一本书桌子上放着。

③ 桌子上放着一本书。

④ 一本书放着桌子上。

⑶ わたしは携帯電話を教室に忘れました。

① 我忘把手机在教室里了。

② 我忘在把教室里手机了。

③ 我把手机忘在教室里了。

④ 我在教室里把手机忘了。

⑷ わたしは毎日テレビを１時間見ます。

① 我电视每天一个小时看。

② 我每天看一个小时电视。

③ 我一个小时电视每天看。

④ 我每天一个小时电视看。

⑸ あなたはあした早めに起きなければいけません。

① 你应该起床明天早点儿。

② 你早点儿起床应该明天。

③ 你明天早点儿应该起床。

④ 你明天应该早点儿起床。

2. ⑹～⑽の日本語の意味になるように，それぞれ①～④を並べ替えたとき，[　　]内に入るものはどれか，その番号を解答欄にマークしなさい。　(10 点)

⑹ 友達はみなわたしのことを「香香」と呼びます。

朋友们________ ________ [________] ________。

① 我　② 都　③ “香香”　④ 叫

⑺ 母はわたしに留学に行くなと言います。

我妈妈________ [________] ________ ________。

① 去留学　② 让　③ 不　④ 我

⑻ わたしにちょっとメニューを見せてください。

请________ ________ [________] ________吧。

① 给　② 菜单　③ 看看　④ 我

⑼ 先生が教室に入って来られました。

________ ________ [________] ________了。

① 走进　② 来　③ 教室　④ 老师

⑽ わたしは去年より 3 キロ太りました。

我________ ________ [________] ________。

① 比　② 胖了　③ 去年　④ 三公斤

4 次の文章を読み，(1)～(6)の問いの答えとして最も適当なものを，それぞれ①～④の中から１つ選び，その番号を解答欄にマークしなさい。(20点)

买东西是我们日常生活中最常做的事情，[(1)] 是服装食品还是家用电器，要买东西，就得去商店，而且为了买到自己满意的东西，可能要去好几家商店挑选、比较。这样一来就要花很多的时间和精力，让人感觉很累。所以买东西对有的人来说，并不是件愉快的事儿。

但是，近些年，商店已经不再是人们唯一的选择了。通过网络来买东西正在成为一种常见的消费方式。不少人甚至几个月都不去商店一次。人们不用 [(2)] 跑到商店去挑选、比较了。只要有一台电脑或手机就可以了，因为在网上什么 [(3)] 能买到。产品的性能和价格也介绍得很清楚，选好商品并在网上交钱后，就可以在家里等着送货上门了。

刚开始的时候，还有些人 [(4)] 网络购物有各种担心，比如商品的质量有没有保证啊？网上交钱是不是安全啊？经过一段时间后，人们发现网购 [(5)] 省时省力省钱，而且商品的质量和售后服务也没有问题，于是，人们对网购越来越放心了。现在不少年轻女孩子又多了一个的新的爱好，那就是逛网上商店。

(1) 空欄(1)を埋めるのに適当なものは，次のどれか。

① 尽管　② 不管　③ 既然　④ 虽然

(2) 空欄(2)を埋めるのに適当なものは，次のどれか。

① 特意　② 有意　③ 故意　④ 在意

(3) 空欄(3)を埋めるのに適当なものは，次のどれか。

① 也　② 都　③ 还　④ 才

(4) 空欄(4)を埋めるのに適当なものは，次のどれか。

① 向　② 给　③ 为　④ 对

(5) 空欄(5)を埋めるのに**適当でないもの**は，次のどれか。

① 不光　② 不仅　③ 不过　④ 不但

(6) 本文の内容と**一致しないもの**は，次のどれか。

① 过去人们有需要买的东西就必须去商店。

② 现在的人们对买东西已经不太感兴趣了。

③ 以前买东西花的时间和精力比现在要多。

④ 在网上买东西比去商店买东西便宜一些。

5 (1)〜(5)の日本語を中国語に訳し，漢字（簡体字）で解答欄に書きなさい。
(漢字は崩したり略したりせずに書き，文中・文末には句読点や疑問符をつけること。)

(20点)

(1) わたしは何も食べたくない。

(2) あなたはコーヒーにしますか，それとも紅茶にしますか。

(3) わたしはもう1週間も待ちました。

(4) わたしは彼女が作った料理を食べたことがありません。

(5) 今年の夏休みにわたしは北京に行かないことにしました。

リスニング

1

解答：1.(1)❹ (2)❶ (3)❷ (4)❷ (5)❶ 2.(6)❶ (7)❸ (8)❹ (9)❶ (10)❷

1. 一問一答：日常会話のなかでよく使われる問いの文に対して正確に答えることができるかどうかが問われています。 (5点×5)

04 (1) 問：暑假我想去法国旅游，你呢？
Shǔjià wǒ xiǎng qù Fǎguó lǚyóu, nǐ ne?
夏休みにわたしはフランスに旅行に行きたいのですが，あなたは？

答：① 你也没去过法国吗？
Nǐ yě méi qùguo Fǎguó ma?
あなたもフランスに行ったことがないのですか。

② 你打算和谁一起去？
Nǐ dǎsuan hé shéi yìqǐ qù?
あなたは誰と一緒に行くつもりですか。

③ 我们也快要放暑假了。
Wǒmen yě kuàiyào fàng shǔjià le.
わたしたちももうすぐ夏休みになります。

❹ 我想去中国短期留学。
Wǒ xiǎng qù Zhōngguó duǎnqī liúxué.
わたしは中国に短期留学に行きたいです。

夏休みにフランス旅行に行きたいと自分のことを述べてから“你呢？”と尋ねているので，“我”で答え，中国に短期留学に行きたいと言っている④が正解です。

05 (2) 問：昨天的作业你都做完了吗？
Zuótiān de zuòyè nǐ dōu zuòwán le ma?
きのうの宿題，あなたは全部やり終えましたか。

答：❶ 我很忙，还没做呢。
Wǒ hěn máng, hái méi zuò ne.
わたしは忙しくて，まだやっていません。

② 今天的作业不太多。
Jīntiān de zuòyè bú tài duō.
きょうの宿題はあまり多くありません。

③ 昨天不是我做的晚饭。
Zuótiān bú shì wǒ zuò de wǎnfàn.
きのうはわたしが夕食を作ったのではありません。

④ 我昨天做了一个蛋糕。
Wǒ zuótiān zuòle yí ge dàngāo.
わたしはきのうケーキを作りました。

きのうの宿題をやり終えたかを尋ねているので，まだやっていないと答えている①が正解です。②はきょうの宿題，③はきのうの夕食，④はきのう作ったケーキについて答えているので，いずれも不適当です。

06 (3) 問：王老师，您孩子今年几岁了？ 王先生，お子さんは今年何歳になりましたか。
Wáng lǎoshī, nín háizi jīnnián jǐ suì le?

答：① 他的生日是 5 月 6 号。 彼の誕生日は 5 月 6 日です。
Tā de shēngrì shì wǔyuè liù hào.

❷ 今年刚上小学，7 岁了。 今年小学校に上がったばかりで，7 歳になりました。
Jīnnián gāng shàng xiǎoxué, qī suì le.

③ 王老师今年 52 岁了。 王先生は今年 52 歳になりました。
Wáng lǎoshī jīnnián wǔshi’èr suì le.

④ 王老师只有一个孩子。 王先生は子どもは 1 人だけです。
Wáng lǎoshī zhǐ yǒu yí ge háizi.

“几岁”は 10 歳以下の子どもの年齢を尋ねる場合の言い方です。王先生のお子さんの年齢を聞いているので，②が正解です。

07 (4) 問：明天咱们一起去买衣服，怎么样？ あした一緒に服を買いに行きませんか。
Míngtiān zánmen yìqǐ qù mǎi yīfu, zěnmeyàng?

答：① 对啊，我们是坐电车去的。 そうです，わたしたちは電車で行ったのです。
Duì a, wǒmen shì zuò diànchē qù de.

❷ 好啊，你打算去哪里买啊？ いいですよ，どこに買いに行くつもりですか。
Hǎo a, nǐ dǎsuan qù nǎli mǎi a?

③ 是吗？我觉得这件衣服很便宜。 そうですか。わたしはこの服はとても安いと思います。
Shì ma? Wǒ juéde zhè jiàn yīfu hěn piányi.

④ 太好了，我非常喜欢这件衣服。 よかった，わたしはこの服が非常に好きです。
Tài hǎo le, wǒ fēicháng xǐhuan zhè jiàn yīfu.

一緒に服を買いに行くのはどうだろうかと提案しているので，答えとしては②が適当です。①は“是…的”を用いて交通手段を，③は服の値段を，④は服が気に入っていることを話題にしているので，不適当です。

08 (5) 問：田中，我能不能借一下你的汉语词典？
Tiánzhōng, wǒ néng bu néng jiè yíxià nǐ de Hànyǔ cídiǎn?
田中さん，あなたの中国語の辞書をちょっと貸してもらえませんか。

答：❶ 给你，你拿去慢慢儿用吧。
Gěi nǐ, nǐ náqu mànmānr yòng ba.
どうぞ，持って行ってゆっくり使ってください。

② 行，我也借过他的词典。
Xíng, wǒ yě jièguo tā de cídiǎn.
いいですよ，わたしも彼の辞書を借りたことがあります。

③ 田中的汉语词典很好用。
Tiánzhōng de Hànyǔ cídiǎn hěn hǎoyòng.
田中さんの中国語の辞書はとても使いやすいです。

④ 田中借了一本汉语词典。
Tiánzhōng jièle yì běn Hànyǔ cídiǎn.
田中さんは中国語の辞書を1冊借りました。

“能不能…？”（…していただけますか）は丁寧な依頼表現。田中さんに辞書を貸してもらえないかと尋ねているので，田中さんの答えとしては①が適当です。

2. ＡＢ２人の問答に続く２回目のＡの発話を選びます。問いと答えだけで終わるのではなく，相手の答えに対してもう一度反応を示すことができるかどうかを問うています。 (5点×5)

10 (6) Ａ：你想喝咖啡，还是想喝可乐？
Nǐ xiǎng hē kāfēi, háishi xiǎng hē kělè?
コーヒーを飲みたいですか，それともコーラを飲みたいですか。

Ｂ：这两种饮料我都不太想喝。
Zhè liǎng zhǒng yǐnliào wǒ dōu bú tài xiǎng hē.
この２つの飲み物はどちらもあまり飲みたくありません。

Ａ：❶ 那，你想喝什么啊？
Nà, nǐ xiǎng hē shénme a?
では，何を飲みたいですか。

② 那，你就喝可乐吧。
Nà, nǐ jiù hē kělè ba.
では，コーラを飲んでください。

③ 好，我也不太想吃面包。
Hǎo, wǒ yě bú tài xiǎng chī miànbāo.
はい，わたしもそんなにパンを食べたくありません。

④ 好，我们也要两杯咖啡。
Hǎo, wǒmen yě yào liǎng bēi kāfēi.
はい，わたしたちもコーヒーを２杯いただきます。

コーヒーとコーラのどちらも飲みたくないという答えに対して，「では，何を飲みたいか」と尋ね返している①が適当です。

11 (7) A：木下，明天的考试几点开始？
Mùxià, míngtiān de kǎoshì jǐ diǎn kāishǐ?
木下さん，あすのテストは何時からですか。

B：明天有考试吗？
Míngtiān yǒu kǎoshì ma?
あすテストがあるのですか。

A：① 我也不知道明天几点考试。
Wǒ yě bù zhīdào míngtiān jǐ diǎn kǎoshì.
わたしもあす何時からテストなのか知りません。

② 木下 7 点去参加汉语考试。
Mùxià qī diǎn qù cānjiā Hànyǔ kǎoshì.
木下さんは 7 時に中国語のテストを受けに行きます。

❸ 你不知道明天有汉语考试吗？
Nǐ bù zhīdào míngtiān yǒu Hànyǔ kǎoshì ma?
あす中国語のテストがあるのを知らないの？

④ 明天的汉语考试 9 点半开始。
Míngtiān de Hànyǔ kǎoshì jiǔ diǎn bàn kāishǐ.
あすの中国語のテストは 9 時半開始です。

あすテストが行われることを前提に A がテストは何時からかと尋ねたにもかかわらず，テストがあるのかと問い返す B に対する A の受け答えとして適当なのは③です。

12 (8) A：今天的课你都听懂了吗？
Jīntiān de kè nǐ dōu tīngdǒng le ma?
きょうの授業あなたは全部分かりましたか。

B：今天的课太难了，一点儿都没听懂。
Jīntiān de kè tài nán le, yìdiǎnr dōu méi tīngdǒng.
きょうの授業は難しすぎて，少しも分かりませんでした。

A：① 太好了！你快点儿教教我吧。
Tài hǎo le! Nǐ kuàidiǎnr jiāojiao wǒ ba.
それは良かった。早くわたしにちょっと教えてください。

② 是吗？我也听过那个老师的课。
Shì ma? Wǒ yě tīngguo nàge lǎoshī de kè.
そうですか。わたしもその先生の授業を受けたことがあります。

③ 你太棒了！这么难的课都能听懂。
Nǐ tài bàng le! Zhème nán de kè dōu néng tīngdǒng.
すごいですね，こんなに難しい授業が全部分かるなんて。

❹ **我也没听懂，咱们去问问老师吧。**
Wǒ yě méi tīngdǒng, zánmen qù wènwen lǎoshī ba.
わたしも分からなかったので，ちょっと先生に聞きに行きましょう。

きょうの授業が全部分かったかと尋ねられて，B は「難し過ぎて少しも分からなかった」と答えているので①と③は適当ではありません。②のような受け答えの可能性は無いとは言えないが，④が最も適当です。

13 (9) A：田中，那本小说你看完了吗？
Tiánzhōng, nà běn xiǎoshuō nǐ kànwán le ma?
田中さん，あの小説読み終わりましたか。

B：这两天写论文太忙了，还没开始看呢。
Zhè liǎng tiān xiě lùnwén tài máng le, hái méi kāishǐ kàn ne.
この数日論文を書くのに忙しくて，まだ読み始めていません。

A：❶ **我也想看看，你什么时候能看完啊？**
Wǒ yě xiǎng kànkan, nǐ shénme shíhou néng kànwán a?
わたしも読んでみたいのですが，あなたはいつ読み終われますか。

② 是吗？那么长的小说你两天就看完了？
Shì ma? Nàme cháng de xiǎoshuō nǐ liǎng tiān jiù kànwán le?
そうですか。あんなに長い小説を２日で読み終えたのですか。

③ 你看了一半儿了？这本小说怎么样？
Nǐ kànle yíbànr le? Zhè běn xiǎoshuō zěnmeyàng?
あなたは半分読んだの？この小説はどうですか。

④ 我和你一样，这两天一定要写完论文。
Wǒ hé nǐ yíyàng, zhè liǎng tiān yídìng yào xiěwán lùnwén.
わたしはあなたと同じで，この数日で必ず論文を書き終えないといけません。

A にあの小説を読み終えたかと尋ねられて，まだ読み始めていないと答えているので，②と③は不適当です。A はもともとあの小説について話題にしているので，①が最も適当です。④は当初の話題から外れています。

14 ⑽ A：点菜吧！你知道这个店什么菜最好吃吗？
Diǎn cài ba! Nǐ zhīdao zhège diàn shénme cài zuì hǎochī ma?
注文しましょう。この店はどんな料理が一番おいしいか知っていますか。

B：不知道。我也是第一次来这里吃饭。
Bù zhīdào. Wǒ yě shì dì-yī cì lái zhèli chī fàn.
知りません。わたしも初めてここで食べます。

A：① 上次你是和谁一起来这儿的？
Shàng cì nǐ shì hé shéi yìqǐ lái zhèr de?
前回あなたは誰と一緒にここに来たのですか。

❷ 那，是谁给你介绍的这家店？
Nà, shì shéi gěi nǐ jièshào de zhè jiā diàn?
では，誰があなたにこの店を紹介してくれたのですか。

③ 我不知道你以前经常来这儿吃饭。
Wǒ bù zhīdào nǐ yǐqián jīngcháng lái zhèr chī fàn.
あなたが前からここによく食べに来ていたとは知りませんでした。

④ 我今天第一次吃这个菜，真好吃！
Wǒ jīntiān dì-yī cì chī zhège cài, zhēn hǎochī!
わたしはきょう初めてこの料理を食べましたが，ほんとにおいしいですね。

Bはここは初めてだと言っているので，①と③は不適当です。まだ注文する前なので④も除外します。②が正解です。

2 長文聴解：

解答：⑴❶　⑵❹　⑶❸　⑷❷　⑸❹　⑹❷　⑺❸　⑻❸　⑼❶　⑽❹

会話文の聞き取り：

（5点×5）

16 A：铃木，你上星期天做什么了？
Língmù, nǐ shàng xīngqītiān zuò shénme le?

B：我跟朋友开车去京都了。
Wǒ gēn péngyou kāichē qù Jīngdū le.

A：是去看京都的寺院吗？
Shì qù kàn Jīngdū de sìyuàn ma?

B：不是，⑴我们去看了一个画展。
Bú shì, wǒmen qù kànle yí ge huàzhǎn.

A：从大阪到京都开车要多长时间？
Cóng Dàbǎn dào Jīngdū kāichē yào duō cháng shíjiān?

B：⑶开了一个半小时才到。
Kāile yí ge bàn xiǎoshí cái dào.

A：你们怎么不坐电车呢？
听说电车只要半个小时。
Nǐmen zěnme bú zuò diànchē ne?
Tīngshuō diànchē zhǐ yào bàn ge xiǎoshí.

	B：快是快，但(2)还得换公共汽车，太麻烦。	Kuài shì kuài, dàn hái děi huàn gōnggòng qìchē, tài máfan.
17	A：我还没去过京都呢。	Wǒ hái méi qùguo Jīngdū ne.
	B：那一定要去看看，京都有很多名胜古迹。	Nà yídìng yào qù kànkan, Jīngdū yǒu hěn duō míngshèng gǔjì.
	A：去京都什么季节最好？	Qù Jīngdū shénme jìjié zuì hǎo?
	B：我觉得是秋天，因为那时红叶也很美。	Wǒ juéde shì qiūtiān, yīnwei nà shí hóngyè yě hěn měi.
	A：(5)明年回北京之前一定去京都看看。	Míngnián huí Běijīng zhīqián yídìng qù Jīngdū kànkan.
	B：(4)下个月末我带你去京都看红叶吧。	Xià ge yuèmò wǒ dài nǐ qù Jīngdū kàn hóngyè ba.
	A：太好了！每年去京都看红叶的人都很多吧？	Tài hǎo le! Měi nián qù Jīngdū kàn hóngyè de rén dōu hěn duō ba?
	B：是的。你在东京的时候没看过红叶吗？	Shì de. Nǐ zài Dōngjīng de shíhou méi kànguo hóngyè ma?
	A：我在东京的时候，只看过樱花。	Wǒ zài Dōngjīng de shíhou, zhǐ kànguo yīnghuā.
	B：京都的红叶，一定会让你永远忘不了的。	Jīngdū de hóngyè, yídìng huì ràng nǐ yǒngyuǎn wàngbuliǎo de.

訳：

A：鈴木さん，先週の日曜は何をしましたか。
B：友達と車で京都に行きました。
A：京都のお寺を拝観に行ったのですか。
B：いいえ，(1)ある絵画展を観に行きました。
A：大阪から京都まで車でどれくらい時間がかかりますか。
B：(3)1時間半運転してようやく着きます。
A：どうして電車で行かないの？電車だと30分しかかからないそうですが。
B：速いことは速いですが，(2)さらにバスに乗り換えないといけないので，とても面倒なのです。
A：わたしはまだ京都に行ったことがありません。
B：では絶対に行ってみるべきです，京都にはたくさんの名所旧跡がありますから。
A：京都に行くならどの季節が一番いいですか。

B：わたしは秋だと思いますよ，その時期は紅葉も美しいですから。
A：(5)来年北京に戻る前に必ず京都に行ってみます。
B：(4)来月末に京都に紅葉を観にお連れしましょう。
A：うれしいです。京都に紅葉を観に行く人は毎年多いのでしょうね。
B：はい，東京にいる時に紅葉を観たことはないのですか。
A：わたしは東京にいた時，桜しか観たことがありません。
B：京都の紅葉はきっと一生忘れられないことでしょう。

18 (1) 問：男的上星期天去京都做什么了？ Nán de shàng xīngqītiān qù Jīngdū zuò shénme le?
男性は先週の日曜日京都へ行って何をしたのですか。

答：❶ 看画展。Kàn huàzhǎn.　絵画展を観た。
② 看寺院。Kàn sìyuàn.　お寺を拝観した。
③ 看红叶。Kàn hóngyè.　紅葉を観た。
④ 看朋友。Kàn péngyou.　友達に会った。

5行目の“我们去看了一个画展”を聞き取ります。

19 (2) 問：男的为什么没坐电车去京都？
Nán de wèi shénme méi zuò diànchē qù Jīngdū?
男性はなぜ電車で京都に行かなかったのですか。

答：① 因为坐电车去的话人太多。
Yīnwei zuò diànchē qù dehuà rén tài duō.
電車で行くと人がとても多いから。
② 因为他朋友不喜欢坐电车。
Yīnwei tā péngyou bù xǐhuan zuò diànchē.
彼の友達が電車に乗るのが好きでないから。
③ 因为开车去比坐电车去快。
Yīnwei kāichē qù bǐ zuò diànchē qù kuài.
車で行くほうが電車で行くより速いから。
❹ 因为坐电车没有开车方便。
Yīnwei zuò diànchē méiyǒu kāichē fāngbiàn.
電車は車ほど便利ではないから。

11～12行目に“还得换公共汽车，太麻烦”とあり，電車は速いが「さらにバスに乗り換えるのがとても面倒だ」と言っています。

20 (3) 問：从大阪到京都开车用了多长时间？
Cóng Dàbǎn dào Jīngdū kāichē yòngle duō cháng shíjiān?
大阪から京都まで車でどれくらい時間がかかりましたか。

答：① 将近半个小时。Jiāngjìn bàn ge xiǎoshí.　30 分近く。

② 不到一个小时。Bú dào yí ge xiǎoshí.　1 時間足らず。

❸ 一个半小时。Yí ge bàn xiǎoshí.　1 時間半。

④ 半个多小时。Bàn ge duō xiǎoshí.　30 分ちょっと。

8 行目の“开了一个半小时才到”を聞き取ります。①の“将近”は副詞「ほぼ…に近い」。

21 (4) 問：男的和女的约定什么时候去京都看红叶？
Nán de hé nǚ de yuēdìng shénme shíhou qù Jīngdū kàn hóngyè?
男性は女性といつ京都に紅葉を観に行くと約束しましたか。

答：① 下星期天。Xià xīngqītiān.　来週の日曜日。

❷ 下个月末。Xià ge yuèmò.　来月末。

③ 明年秋天。Míngnián qiūtiān.　来年の秋。

④ 每年秋天。Měi nián qiūtiān.　毎年秋。

21 ～ 22 行目の“下个月末我带你去京都看红叶吧”を聞き取ります。“月末”は「月末」，“月底” yuèdǐ に同じ。

22 (5) 問：女的明年回什么地方去？
Nǚ de míngnián huí shénme dìfang qù?
女性は来年どこに戻って行きますか。

答：① 东京。Dōngjīng.　東京。

② 大阪。Dàbǎn.　大阪。

③ 京都。Jīngdū.　京都。

❹ 北京。Běijīng.　北京。

19 行目の“明年回北京”を聞き取ります。

文章の聞き取り：かつてはあまり便利ではなかった故郷の交通事情の発展する様子が語られます。　(5 点×5)

30 (6)我第一次坐火车是小学三年级的时候，暑假里和爸爸回老家去看爷爷、奶奶。老家离我们住的城市有六百多公里，要坐一天的火车，我们早上出发，晚上才到爷爷家。(7)车上人很多，不少人没有座位，一直站着，车厢里也很脏。

高中毕业以后，我考上了外地的大学，那个城市离我家也有六百多公里。

不过因为有了高铁，(8)早上从学校出发，中午就到家了。以前买火车票很困难，现在方便多了。可以用手机订票，最近还能用手机直接上车。高铁的车厢很干净，还有服务员卖各种饮料和食品。

31 当然，也不是什么都好。(10)原来从我家到火车站坐公共汽车只要一刻钟。但是(9)现在高铁的车站在郊外，公共汽车很少，而且还得换车，所以只好坐出租车。不过，前几天妈妈来电话说马上就要有地铁了。以后在高铁站就可以直接坐地铁了。真是越来越方便了。

Wǒ dì-yī cì zuò huǒchē shì xiǎoxué sān niánjí de shíhou, shǔjià li hé bàba huí lǎojiā qù kàn yéye、nǎinai. Lǎojiā lí wǒmen zhù de chéngshì yǒu liùbǎi duō gōnglǐ, yào zuò yì tiān de huǒchē, wǒmen zǎoshang chūfā, wǎnshang cái dào yéye jiā. Chēshang rén hěn duō, bùshǎo rén méiyǒu zuòwei, yìzhí zhànzhe, chēxiāng li yě hěn zāng.

Gāozhōng bìyè yǐhòu, wǒ kǎoshàngle wàidì de dàxué, nàge chéngshì lí wǒ jiā yě yǒu liùbǎi duō gōnglǐ. Búguò yīnwei yǒule gāotiě, zǎoshang cóng xuéxiào chūfā, zhōngwǔ jiù dào jiā le. Yǐqián mǎi huǒchē piào hěn kùnnan, xiànzài fāngbiàn duō le. Kěyǐ yòng shǒujī dìng piào, zuìjìn hái néng yòng shǒujī zhíjiē shàngchē. Gāotiě de chēxiāng hěn gānjìng, hái yǒu fúwùyuán mài gè zhǒng yǐnliào hé shípǐn.

Dāngrán, yě bú shì shénme dōu hǎo. Yuánlái cóng wǒ jiā dào huǒchēzhàn zuò gōnggòng qìchē zhǐ yào yí kè zhōng. Dànshì xiànzài gāotiě de chēzhàn zài jiāowài, gōnggòng qìchē hěn shǎo, érqiě hái děi huànchē, suǒyǐ zhǐhǎo zuò chūzūchē. Búguò, qián jǐ tiān māma lái diànhuà shuō mǎshàng jiù yào yǒu dìtiě le. Yǐhòu zài gāotiězhàn jiù kěyǐ zhíjiē zuò dìtiě le. Zhēnshi yuè lái yuè fāngbiàn le.

訳：(6)わたしが初めて汽車に乗ったのは小学3年生の時で，夏休みに父と田舎の祖父母に会いに行きました。田舎はわたしたちが住む町から600キロ以上あり，わたしたちは朝出発して，夜にようやく祖父の家に着きました。(7)汽車には人が大勢乗っていて，多くの人は席がなく，ずっと立ちっぱなしで，車内も汚かったです。

高校卒業後，わたしはよその土地の大学に合格しましたが，その町もわたしの家から600キロ以上ありました。しかし高速鉄道があるので，(8)朝に大学を出発すれば，正午にはもう家に着いてしまいます。以前は汽車の切符を買うのは大変でしたが，今はずっと便利になりました。スマホで予約でき，最近はさらにスマホで直接乗車できます。高速鉄道の車内は清潔で，そのうえ乗務員が各種の飲み物や食品を売っています。

もちろん，何もかも良いというわけではありません。(10)元々わたしの家から汽車の駅まではバスで 15 分しかかかりませんでした。しかし(9)現在高速鉄道の駅は郊外にあり，バスは少なく，その上乗り換えなければいけないので，タクシーに乗るほかありません。しかし，先日母が電話でもうすぐ地下鉄ができると言っていました。これからは高速鉄道の駅で直接地下鉄に乗れるようになります。ほんとうにますます便利になってきました。

32 (6) 問：我第一次坐火车是去做什么？
Wǒ dì-yī cì zuò huǒchē shì qù zuò shénme?
わたしは初めて汽車に乗って何をしに行ったのですか。

答：① 去别的城市上大学。
Qù bié de chéngshì shàng dàxué.
他の町に行って大学に通った。

❷ 回老家看爷爷、奶奶。
Huí lǎojiā kàn yéye、nǎinai.
祖父母に会いに帰郷した。

③ 去看在外地的爸爸。
Qù kàn zài wàidì de bàba.
よその土地にいる父親に会いに行った。

④ 从学校回自己的家。
Cóng xuéxiào huí zìjǐ de jiā.
学校から自分の家に帰った。

1～2 行目の“我第一次坐火车是小学三年级的时候，暑假里和爸爸回老家去看爷爷、奶奶”を聞き取ります。

33 (7) 問：以前的火车怎么样？
Yǐqián de huǒchē zěnmeyàng?
以前の汽車はどのようでしたか。

答：① 坐车的人很多，但是很干净。
Zuò chē de rén hěn duō, dànshì hěn gānjìng.
乗客は多いが，清潔であった。

② 坐车的人不多，但车里很脏。
Zuò chē de rén bù duō, dàn chēli hěn zāng.
乗客は少ないが，車内は汚かった。

❸ 坐车的人很多，车里也很脏。
Zuò chē de rén hěn duō, chēli yě hěn zāng.
乗客は多く，車内も汚かった。

④ 坐车的人不多，车里很干净。
Zuò chē de rén bù duō, chēli hěn gānjìng.
乗客は少なく，車内は清潔であった。

3 行目の“车上人很多，不少人没有座位，一直站着，车厢里也很脏”を聞き取ります。

34 (8) 問：我从学校回家要多长时间？
Wǒ cóng xuéxiào huí jiā yào duō cháng shíjiān?
わたしは大学から家に帰るのにどれくらいの時間がかかりますか。

答：① 大概半个小时。Dàgài bàn ge xiǎoshí.　だいたい30分ぐらい。

② 要一整天时间。Yào yì zhěngtiān shíjiān.　まる1日かかる。

❸ 大概半天左右。Dàgài bàntiān zuǒyòu.　だいたい半日ぐらい。

④ 要一刻钟左右。Yào yí kè zhōng zuǒyòu.　15分前後かかる。

5行目の“早上从学校出发，中午就到家了”を聞き取ります。

35 (9) 問：坐高铁不方便的是什么？
Zuò gāotiě bù fāngbiàn de shì shénme?
高速鉄道に乗るのに不便なことは何ですか。

答：❶ 高铁车站离市内比较远。
Gāotiě chēzhàn lí shìnèi bǐjiào yuǎn.
高速鉄道の駅は市内からわりに遠い。

② 高铁的车票非常不好买。
Gāotiě de chēpiào fēicháng bù hǎo mǎi.
高速鉄道の切符は非常に買いにくい。

③ 坐高铁时不允许吃东西。
Zuò gāotiě shí bù yǔnxǔ chī dōngxi.
高速鉄道では物を食べることが禁止されている。

④ 坐高铁时不能使用手机。
Zuò gāotiě shí bù néng shǐyòng shǒujī.
高速鉄道ではスマホを使えない。

9行目の“现在高铁的车站在郊外”を聞き取ります。

36 (10) 問：以前我怎么从火车站回家？
Yǐqián wǒ zěnme cóng huǒchēzhàn huí jiā?
以前わたしはどうやって駅から家に帰っていましたか。

答：① 先坐公共汽车再换地铁。
Xiān zuò gōnggòng qìchē zài huàn dìtiě.
まずバスに乗ってから地下鉄に乗り換える。

② 先坐地铁再换公共汽车。
Xiān zuò dìtiě zài huàn gōnggòng qìchē.
まず地下鉄に乗ってからバスに乗り換える。

③ 坐十五分钟的出租汽车。
Zuò shíwǔ fēn zhōng de chūzū qìchē.
15分タクシーに乗る。

❹ 坐十五分钟的公共汽车。
Zuò shíwǔ fēn zhōng de gōnggòng qìchē.
15分バスに乗る。

8行目の“原来从我家到火车站坐公共汽车只要一刻钟”を聞き取ります。

筆 記

1

解答：1.(1)❷ (2)❶ (3)❹ (4)❷ (5)❸ 2.(6)❷ (7)❶ (8)❹ (9)❷ (10)❶

1. 発音 声調の組み合わせ：2音節の単語の声調パターンが身に付いているかどうかを問うている。初級中国語の学習では声母や韻母に注意が行き，声調がついおろそかになりがちです。単語を覚えるときは，声調もしっかり身に付けましょう。

(2点×5)

(1) 人口 rénkǒu（人口）

① 报告 bàogào（報告〔する〕）
❷ 寒冷 hánlěng（寒い）
③ 篮球 lánqiú（バスケットボール）
④ 温暖 wēnnuǎn（暖かい）

(2) 考试 kǎoshì（試験する）

❶ 讲话 jiǎnghuà（話をする）
② 可惜 kěxī（残念だ）
③ 新闻 xīnwén（ニュース）
④ 打扰 dǎrǎo（邪魔をする）

(3) 季节 jìjié（季節）

① 打针 dǎzhēn（注射する）
② 住院 zhùyuàn（入院する）
③ 时刻 shíkè（時刻）
❹ 放学 fàngxué（学校がひける）

(4) 农村 nóngcūn（農村）

① 茶叶 cháyè（茶葉）
❷ 学期 xuéqī（学期）
③ 整天 zhěngtiān（一日中）
④ 卫生 wèishēng（衛生的だ）

(5) 气候 qìhòu（気候）

① 流行 liúxíng（流行する）
② 光明 guāngmíng（明るい）
❸ 快乐 kuàilè（楽しい）
④ 美丽 měilì（美しい）

2. 発音　声母・韻母のピンイン表記：漢字で表記された単語を正確に発音しピンイン表記と一致させることができるかどうかが問われています。その単語を正確に発音できるかどうかは，ピンインによるチェックが効果的です。 (2 点 × 5)

(6) 更加（ますます）

① gēngjiā　　**❷ gèngjiā**　　③ gēnjiā　　④ gènjià

(7) 经济（経済，経済的だ）

❶ jīngjì　　② jīngqì　　③ jīnjì　　④ jīnqì

(8) 努力（努力する）

① nǔlù　　② nǔlì　　③ núlì　　**❹ nǔlì**

(9) 互相（互いに）

① fùxiāng　　**❷ hùxiāng**　　③ fùshāng　　④ hùshāng

(10) 重新（新たに）

❶ chóngxīn　　② chóngxīng　　③ zhòngxīn　　④ zhòngxīng

“重”は「重ねて，再び」は chóng，「重い」の場合は zhòng

2

解答：(1) ❸　(2) ❶　(3) ❷　(4) ❸　(5) ❹　(6) ❷　(7) ❷　(8) ❶　(9) ❹　(10) ❸

空欄補充：空欄に入る語はいずれも文法上のキーワードです。 (2 点 × 10)

(1) 请你不（ 要 ）在这里抽烟。
Qǐng nǐ búyào zài zhèli chōu yān.

ここでタバコを吸わないでください。

① 用 yòng　　② 会 huì　　❸ 要 yào　　④ 想 xiǎng

“不要 búyào”で「…してはいけない」と禁止の意味を表すので③“要”が正解です。①“不用 búyòng”は「…するには及ばない」，②“不会 bú huì”は「…できない」，④“不想 bù xiǎng”は「…したくない」という意味です。

(2) 我想买（ 一点儿 ）喝的东西。
Wǒ xiǎng mǎi yìdiǎnr hē de dōngxi.

わたしは少しばかり飲み物を買いたい。

❶ 一点儿 yìdiǎnr　　② 有些 yǒuxiē

③ 有点儿 yǒudiǎnr　　④ 一会儿 yíhuìr

①～④はすべて「少し」という意味ですが，用法が異なります。②“有些”は“有些人”“有些东西”のように名詞の前に置くことが多く，③“有点儿”は望ましくないことを表す形容詞の前に置き，④“一会儿”は動詞の後に用いて時間的に「ちょっとのあいだ」という意味です。ここでは「少しばかりの飲み物」と後の名詞句を修飾する①“一点儿”が正解です。

⑶ 你（ 跟 ）谁学的汉语？　あなたは誰に中国語を習ったのですか。
Nǐ gēn shéi xué de Hànyǔ?

① 从 cóng　❷ 跟 gēn　③ 对 duì　④ 往 wǎng

適切な介詞を選ぶ問題です。①“从”は時間・場所の起点を，②“跟”は動作の相手を，③“对”は動作の対象を，④“往”は動作の方向を導きます。ここでは「誰から中国語を習ったのか」という動作の相手を導く②“跟”が正解です。

⑷ 我们每天走（ 着 ）上学。　わたしたちは毎日歩いて通学します。
Wǒmen měi tiān zǒuzhe shàngxué.

① 了 le　② 过 guo　❸ 着 zhe　④ 的 de

助詞の問題です。①“了”は動作の完了を，②“过”は経験を，③“着”は持続を表し，④“的”は連体修飾語を導く助詞です。「動詞＋“着”＋動詞」は「…して…する」という意味で，“走着上学”で「歩いて通学する」となり，③“着”が正解です。同一主語が2つの動詞を伴う場合，前の動詞に“着”がつき，後の動作がどのような方式や状態のもとに行われるかを表します。

⑸ 我讲了好多遍，他（ 才 ）明白。　わたしが何遍も話して，彼はようやく分かりました。
Wǒ jiǎngle hǎoduō biàn, tā cái míngbai.

① 又 yòu　② 还 hái　③ 就 jiù　❹ 才 cái

時間に関係のある意味を表す副詞を選ぶ問題です。①“又”は動作の繰り返しがすでに実現されたときに用います。②“还”は動作の繰り返しが今後行われるときに用い，「さらに，また」と添加の意味も含みます。③“就”は回数や時点に関する語句の後に置き，極めて順調に物事が実現した場合に用います。④“才”も回数や時点に関する語句の後に置きますが，“就”とは逆に物事が実現するのに時間や手間がかかることを表します。前半部分で“讲了好多遍”（何遍も話して）と言っているので，④“才”が正解です。

(6) （ 离 ）期末考试还有两个星期。
Lí qīmò kǎoshì hái yǒu liǎng ge xīngqī.

期末テストまでまだ2週間あります。

① 从 cóng　❷ 离 lí　③ 在 zài　④ 和 hé

適切な介詞を選ぶ問題です。①“从”は時間・空間の起点を，②“离”は時間的・空間的な隔たりの起点を，③“在”は動作の場所を，④“和”は動作の相手を表します。「“离”+ A +“还有”+時間量」（Aまでまだどれだけの時間がある）という意味になり，②“离”が正解です。

(7) 我送给他一（ 套 ）西服。
Wǒ sònggěi tā yí tào xīfú.

わたしは彼にスーツ一揃いをプレゼントしました。

① 双 shuāng　❷ 套 tào　③ 张 zhāng　④ 条 tiáo

適切な量詞を選ぶ問題です。①“双”は靴や箸など対になっている物を，②“套”は組になっている物を，③“张”は大きさにかかわらず平面を持つ物を数えます。④“条”はスカート・ズボンのように下半身にはく衣類，または細長い物を数えます。スーツは上下セットで一組なので，②“套”が正解です。

(8) 今天的考试我考（ 得 ）不太理想。
Jīntiān de kǎoshì wǒ kǎode bú tài lǐxiǎng.

きょうのテストはあまり満足のいくものではありませんでした。

❶ 得 de　② 着 zhe　③ 到 dào　④ 了 le

「…のやり方が…だ」という時には「動詞+“得”+形容詞(句)」という語順になります。様態補語を導く①“得”が正解です。②“着”は動作の持続を，③“到”は動作の終点や目標達成を，④“了”は動作の完了を表します。

(9) 我们班里小王最（ 会 ）买东西。
Wǒmen bānli Xiǎo Wáng zuì huì mǎi dōngxi.

わたしのクラスでは王さんが一番買い物上手です。

① 要 yào　　② 可以 kěyǐ　　③ 得 děi　　❹ 会 huì

適切な助動詞を選ぶ問題です。①“要”は「…したい（意志），…しなければならない（必要性），…しそうだ（可能性）」，②“可以”は「…できる（可能），…してよい（許可）」，③“得”は「…しなければならない（義務的）」，④“会”は「…できる（習得），…するのが上手だ，…するだろう（可能性）」という意味です。「…するのが上手だ」の場合，副詞の“很、最、真”などをつけます。ここでは「買い物をするのが一番上手」となり，④“会”が正解です。

⑽ 今天没时间了，咱们明天（ 再 ）谈吧。
Jīntiān méi shíjiān le, zánmen míngtiān zài tán ba.
きょうは時間がないので，あすまた話しましょう。

① 也 yě　　② 又 yòu　　❸ 再 zài　　④ 就 jiù

適切な副詞を選ぶ問題です。①“也”は「…も」，②“又”は動作の繰り返しがすでに実現されたことを，③“再”は動作の繰り返しがまだ実現されていないことを，④“就”は短時間内にある動作がされることやある動作がすでになされたことを表します。「きょうは時間がないので，あすまた話しましょう」ということですから，③“再”が正解です。

3

解答：1.⑴❹　⑵❸　⑶❸　⑷❷　⑸❹　2.⑹❶　⑺❷　⑻❸　⑼❸　⑽❷

1. **日文中訳（語順選択）**：文法上のキーワードを含む基本的な文を正確に組み立てることができるかどうかを問うています。（2点×5）

⑴ あしたの親睦会は誰でも参加できます。
① 明天的联欢会参加都谁可以。
② 明天的联欢会可以参加都谁。
③ 明天的联欢会都谁参加可以。
❹ 明天的联欢会谁都可以参加。
Míngtiān de liánhuānhuì shéi dōu kěyǐ cānjiā.

「誰でも参加できる」は“谁都可以参加”という語順になり，④が正解です。副詞“都”は前の“谁”を受けて,「みな,すべて」という意味で,主語の後,助動詞“可以”の前に置きます。

⑵ 机の上に本が1冊置いてある。

① 桌子上一本书放着。

② 一本书桌子上放着。

❸ **桌子上放着一本书。** Zhuōzi shang fàngzhe yì běn shū.

④ 一本书放着桌子上。

存現文の語順は「場所+動詞+助詞や補語+人・モノ」で,目的語の位置にある人・モノが意味上の主語となります。

⑶ わたしは携帯電話を教室に忘れました。

① 我忘把手机在教室里了。

② 我忘在把教室里手机了。

❸ **我把手机忘在教室里了。** Wǒ bǎ shǒujī wàngzài jiàoshì li le.

④ 我在教室里把手机忘了。

“把”構文の問題です。“把”を用いて目的語を動詞の前に出し,その目的語にどのような処置をしたかを強調します。語順は「主語+“把”+目的語+動詞+その他の成分(補語など)」となり,③が正解です。

⑷ わたしは毎日テレビを1時間見ます。

① 我电视每天一个小时看。

❷ **我每天看一个小时电视。** Wǒ měi tiān kàn yí ge xiǎoshí diànshì.

③ 我一个小时电视每天看。

④ 我每天一个小时电视看。

動作を行う時間を表す語は補語として動詞の後に置き,目的語があれば時間を表す語の後に置きます。

⑸ あなたはあした早めに起きなければいけません。

① 你应该起床明天早点儿。

② 你早点儿起床应该明天。

③ 你明天早点儿应该起床。

❹ **你明天应该早点儿起床。** Nǐ míngtiān yīnggāi zǎodiǎnr qǐchuáng.

「早めに起きる」は“早点儿起床”と言います。助動詞“应该”は動詞句の前に置き，時間詞“明天”はその前，主語の前か後に置かなければいけないので，④が正解です。

2. 日文中訳（語順整序）：与えられた語句を用いて正確に文を組み立てることができるかどうかを問うています。 (2点×5)

(6) 友達はみなわたしのことを「香香」と呼びます。

朋友们 ② 都 ④ 叫 [❶ 我] ③“香香”。

Péngyoumen dōu jiào wǒ “Xiāngxiang”.

“叫”は2つの目的語を取る動詞です。“叫”のすぐあとに「誰々を」と人を表す語を，そのあとにモノやコトを表す語を置きます。

(7) 母はわたしに留学に行くなと言います。

我妈妈 ③ 不 [❷ 让] ④ 我 ① 去留学。

Wǒ māma bú ràng wǒ qù liúxué.

人に何かをさせるという使役文の語順は，「A 命令者＋“让”＋B 動作主＋動作主にさせる行為を表す動詞＋目的語」（A は B に…させる／…するように言う）です。「…させない／…しないように言う」という否定を表す副詞“不”は“让”の前に置きます。

(8) わたしにちょっとメニューを見せてください。

请 ① 给 ④ 我 [❸ 看看] ② 菜单 吧。

Qǐng gěi wǒ kànkan càidān ba.

介詞句“给我”（わたしに）は動詞“看看”の前に置きます。

(9) 先生が教室に入って来られました。

④ 老师 ① 走进 [❸ 教室] ② 来 了。

Lǎoshī zǒujìn jiàoshì lai le.

複合方向補語では目的語が場所を表すものであれば“来／去”の前に置きます。

⑽ わたしは去年より3キロ太りました。

我 ① 比 ③ 去年 ［ ❷ 胖了 ］ ④ 三公斤。

Wǒ bǐ qùnián pàngle sān gōngjīn.

「AはBより…だ」という介詞“比”を使う比較表現は，「A＋“比”＋B＋形容詞＋差を表す語」の語順をとります。

4 長文読解

解答：(1)❷　(2)❶　(3)❷　(4)❹　(5)❸　(6)❷

空欄補充と内容理解：まとまった内容をもつ長文を正確に理解しているかどうかを，キーワードを正しく空欄に補充させることによって問うています。

买东西是我们日常生活中最常做的事情，(1)不管 是服装食品还是家用电器，要买东西，就得去商店，而且为了买到自己满意的东西，可能要去好几家商店挑选、比较。这样一来就要花很多的时间和精力，让人感觉很累。所以买东西对有的人来说，并不是件愉快的事儿。

但是，近些年，商店已经不再是人们唯一的选择了。通过网络来买东西正在成为一种常见的消费方式。不少人甚至几个月都不去商店一次。人们不用 (2)特意 跑到商店去挑选、比较了。只要有一台电脑或手机就可以了，因为在网上什么 (3)都 能买到。产品的性能和价格也介绍得很清楚，选好商品并在网上交钱后，就可以在家里等着送货上门了。

刚开始的时候，还有些人 (4)对 网络购物有各种担心，比如商品的质量有没有保证啊？网上交钱是不是安全啊？经过一段时间后，人们发现网购 (5)不光／不仅／不但 省时省力省钱，而且商品的质量和售后服务也没有问题，于是，(6)人们对网购越来越放心了。现在不少年轻女孩子又多了一个新的爱好，那就是逛网上商店。

Mǎi dōngxi shì wǒmen rìcháng shēnghuó zhōng zuì cháng zuò de shìqing, bùguǎn shì fúzhuāng shípǐn háishi jiāyòng diànqì, yào mǎi dōngxi, jiù děi qù shāngdiàn, érqiě wèile mǎidào zìjǐ mǎnyì de dōngxi, kěnéng yào qù hǎojǐ jiā shāngdiàn tiāoxuǎn、bǐjiào. Zhèyàng yì lái jiù yào huā hěn duō de shíjiān hé jīnglì, ràng rén gǎnjué hěn lèi. Suǒyǐ mǎi dōngxi duì yǒude rén lái shuō, bìng bú shì jiàn yúkuài de shìr.

Dànshì, jìn xiē nián, shāngdiàn yǐjīng bú zài shì rénmen wéiyī de xuǎnzé le.

Tōngguò wǎngluò lái mǎi dōngxi zhèngzài chéngwéi yì zhǒng chángjiàn de xiāofèi fāngshì. Bùshǎo rén shènzhì jǐ ge yuè dōu bú qù shāngdiàn yí cì. Rénmen búyòng tèyì pǎodào shāngdiàn qù tiāoxuǎn、bǐjiào le. Zhǐyào yǒu yì tái diànnǎo huò shǒujī jiù kěyǐ le, yīnwei zài wǎngshang shénme dōu néng mǎidào. Chǎnpǐn de xìngnéng hé jiàgé yě jièshàode hěn qīngchu, xuǎnhǎo shāngpǐn bìng zài wǎngshang jiāoqián hòu, jiù kěyǐ zài jiāli děngzhe sònghuò shàngmén le.

Gāng kāishǐ de shíhou, hái yǒuxiē rén duì wǎngluò gòuwù yǒu gè zhǒng dānxīn, bǐrú shāngpǐn de zhìliàng yǒu méi yǒu bǎozhèng a? Wǎngshang jiāoqián shì bu shì ānquán a? Jīngguò yí duàn shíjiān hòu, rénmen fāxiàn wǎnggòu bùguāng/bùjǐn/búdàn shěngshí shěnglì shěngqián, érqiě shāngpǐn de zhìliàng hé shòuhòu fúwù yě méiyǒu wèntí, yúshì, rénmen duì wǎnggòu yuè lái yuè fàngxīn le. Xiànzài bù shǎo niánqīng nǚháizi yòu duōle yí ge xīn de àihào, nà jiù shì guàng wǎngshang shāngdiàn.

訳：買い物は，わたしたちの日常生活で最もよくする行為で，衣類・食品あるいは家電にかかわらず，買い物をする必要があれば，店に行かなければならず，その上自分の満足がいく物を買うためにはたぶん何軒もの店に行って選んだり，比べたりしなければなりません。このように多くの時間と精力を使わなければならず，疲れてしまいます。だから買い物は一部の人にとっては，決して楽しいことではありません。

しかし，近年，店はもう人々の唯一の選択ではなくなりました。ネットでの買い物が今や人々の非常に一般的な消費スタイルの一つとなっています。多くの人が数か月間一度たりとも店に行っていません。人々はわざわざ店まで足を運んで選んだり，比べたりする必要がなくなりました。一台のパソコンあるいはスマホがありさえすればよく，ネットで何でも買うことができるのですから。商品の性能や価格もはっきりと紹介されていて，商品を選んで，ネット上で支払えば，家で商品が届けられるのを待っていればよいのです。

最初の頃は，例えば商品の品質は保証されているのか，ネットでの支払いは安全なのかと，ネットショッピングに対して何かと心配する人もいました。ある程度の時間がたつと，人々はネットショッピングが時間・手間・お金の節約になるだけでなく，商品の品質とアフターサービスにも問題がないことが分かったので，(6)ますます安心してネットショッピングをするようになりました。現在では多くの若い女性にまた一つ新たな趣味が増えましたが，それはネット上の店をネットサーフィンすることです。

(1) 空欄補充 (3 点)

① 尽管 jǐnguǎn　❷ 不管 bùguǎn　③ 既然 jìrán　④ 虽然 suīrán

接続詞の呼応の問題です。①“尽管”は「…だけれども」と譲歩を表し，③“既然”は「…であるからには」，④“虽然”は「…ではあるけれども」という意味です。(1) に続いて“是…还是…”とあるので，“不管是 A 还是 B…”という語順で「A であろうが，B であろうが…」と，いかなる条件であっても結論には変わりがないという意味を表す②“不管”が正解です。

(2) 空欄補充 (3 点)

❶ 特意 tèyì　② 有意 yǒuyì　③ 故意 gùyì　④ 在意 zàiyì

①“特意”は「わざわざ，特に」，②“有意”も③“故意”も「わざと，故意に」，④“在意”は「意に介する」という意味です。

(3) 空欄補充 (3 点)

① 也 yě　❷ 都 dōu　③ 还 hái　④ 才 cái

副詞の問題です。①“也”は「…も」，③“还”は「まだ，さらに」，④“才”は「やっと，ようやく」という意味です。ここでは不定を表す“什么”を受けて「なんでもみな」という意味になる②“都”が正解です。

(4) 空欄補充 (3 点)

① 向 xiàng　② 给 gěi　③ 为 wèi　❹ 对 duì

介詞の問題です。①“向”は動作の方向や相手を，②“给”は動作・行為の受け手を，③“为”は動作の受益者を，④“对”は動作の対象を導きます。「一部の人がネットショッピングに対していろいろと不安に思っている」という意味ですから，④“对”が正解です。

(5) 空欄補充（不適当） (3 点)

① 不光 bùguāng　② 不仅 bùjǐn　❸ 不过 búguò　④ 不但 búdàn

接続詞の問題です。①“不光”②“不仅”④“不但”はすべて「…ばかりでなく」という意味で，“而且”と呼応します。③“不过”は「ただし，でも」という逆接の接続詞ですので，適当でないものは③です。

(6) 内容不一致 (5点)

① 过去人们有需要买的东西就必须去商店。
Guòqù rénmen yǒu xūyào mǎi de dōngxi jiù bìxū qù shāngdiàn.
以前人々は買わなければいけない物があれば店に行かなければならなかった。

❷ **现在的人们对买东西已经不太感兴趣了。**
Xiànzài de rénmen duì mǎi dōngxi yǐjīng bú tài gǎn xìngqù le.
現在の人々は買い物に対してもうあまり興味を持たなくなった。

③ 以前买东西花的时间和精力比现在要多。
Yǐqián mǎi dōngxi huā de shíjiān hé jīnglì bǐ xiànzài yào duō.
以前は買い物に費やす時間と精力は現在よりも多かった。

④ 在网上买东西比去商店买东西便宜一些。
Zài wǎngshang mǎi dōngxi bǐ qù shāngdiàn mǎi dōngxi piányi yìxiē.
ネットでの買い物は店に行って買うよりもいくらか安い。

①は“不管是服装食品还是家用电器，要买东西，就得去商店”，③は“这样一来就要花很多的时间和精力，让人感觉很累”，④は“人们发现网购不光省时省力省钱”と言っているので，いずれも内容と一致しています。13～14行目に“人们对网购越来越放心了。现在不少年轻女孩子又多了一个新的爱好，那就是逛网上商店”とあることから，今では安心して多くの女性がネットショッピングを新たな趣味とするようになったことが分かるので，内容と一致しないものは②です。

5 日文中訳（記述式） (4点×5)

(1) わたしは何も食べたくない。

我什么都／也不想吃。 Wǒ shénme dōu/yě bù xiǎng chī.

「何も…しない」は「“什么”＋“都／也”＋“不”＋動詞」という強調表現を用います。

(2) あなたはコーヒーにしますか，それとも紅茶にしますか。

你喝咖啡，还是喝红茶？ Nǐ hē kāfēi, háishi hē hóngchá?

選択疑問文です。“A 还是 B”という形になります。

⑶ わたしはもう１週間も待ちました。

我已经等了一个星期了。Wǒ yǐjīng děngle yí ge xīngqī le.

「…してからどのくらいの時間が経過している」というときには，「動詞＋“了”＋時間量＋“了”」という語順です。「もう／すでに…した」は副詞“已经”と完了を表す文末助詞“了”を呼応させます。

⑷ わたしは彼女が作った料理を食べたことがありません。

我没／没有吃过她做的菜。Wǒ méi/méiyou chīguo tā zuò de cài.

「…したことがない」という経験の否定は，「“没／没有”＋動詞＋“过”＋目的語」となり，経験を表す“过”は動詞の後に付けたままです。

⑸ 今年の夏休みにわたしは北京に行かないことにしました。

今年暑假我不去北京了。Jīnnián shǔjià wǒ bú qù Běijīng le.

「…しないことにする，…するのをやめる」は「“不”＋動詞＋“了”」と文末に変化を示す“了”を置きます。

3級
基本語彙集

中検3級レベルの基本的な語彙ならびにフレーズ2690語を収める。人称代名詞“我”“你”“他”“她”“它”とその複数形，数字，月名，“星期天”を除く曜日名，国名・都市名等の固有名詞は収録しない。

・品詞名の後の（～儿）はしばしば“儿”化して発音されることを示す。

・軽声，非軽声の両方に発音される語については，原則として軽声を採用した。

・ピンイン中に // を付したVO構造の動詞は他の成分が挿入され分離することがあることを示す。

・名詞の訳語の後に《　》で示す語は，その名詞を数えるのによく使われる量詞（助数詞）である。ただし，広く普通名詞に用いられる“个”はいちいち示さない。

・〈口〉は多く口語で使用されることを示す。

・品詞名の略号は次のとおりである。

名 名詞　動 動詞　助動 助動詞　形 形容詞　数 数詞

量 量詞(＝助数詞)　数量 数詞＋量詞

代 代詞(名詞・動詞・形容詞・数量詞・副詞に代わる語)　副 副詞

介 介詞(＝前置詞)　接 接続詞(＝連詞)　助 助詞　感 感動詞

接頭 接頭辞　接尾 接尾辞　□ 連語またはよく使われるフレーズ

A

阿姨 āyí [名] ①おばさん；母の姉妹 ②母と同世代の血縁のない女性；おばさん，保母さん，お手伝いさん

哎呀 āiyā [感] あっ，あれっ；驚いたり嘆いたりする声

啊 a [助] 感嘆・注意の喚起・軽い疑問などの語気を示す；“哪”(na)，“哇”(wa)，“呀”(ya)などに変音することがある

矮 ǎi [形] (背丈が)低い

爱 ài [動] 愛する，好む

爱好 àihào [動] 好む，愛好する
[名] 好み，趣味

爱护 àihù [動] 大切にする，愛護する

爱人 àiren [名] 夫，妻；配偶者

爱惜 àixī [動] 惜しむ，大切にする

安静 ānjìng [形] 静かだ

安排 ānpái [動] 配置する，手配する

安全 ānquán [形] 安全だ

按 àn [動] (指で)押さえる〈～电铃〉ベルを押す
[介] …に基づいて

按时 ànshí [副] 時間どおりに

按照 ànzhào [介] …に基づいて，…に応じて，…どおりに

B

把 bǎ [量] 柄や握る箇所のある物を数える
[介] …を…をば；動詞を強調するために目的語を前に引き出す

把握 bǎwò [動] 把握する
[名] 自信，見込み

爸爸 bàba [名] 父，お父さん；“爸”(bà)とも

吧 ba [助] 勧誘・推測などの語気を示す

掰 bāi [動] ①両手で割る ②もぐ，もぎとる

白 bái [形] 白い⇔“黑”(hēi)

白菜 báicài [名] 白菜

白费 báifèi [動] むだに費やす

白酒 báijiǔ [名] (コーリャン・トウモロコシなどの)蒸留酒；“白干儿”(báigānr)とも

白天 báitiān [名] 日中，昼間

百 bǎi [数] 百，百の位

百货大楼 bǎihuò dàlóu □ 百貨店，デパート

百货商城 bǎihuò shāngchéng □ 同上

摆 bǎi [動] 並べる，陳列する

拜访 bàifǎng [動] 訪問する，お訪ねする

拜托 bàituō [動] 頼む，お頼みする

班 bān [名] ①グループ，班 ②クラス，学級

班长 bānzhǎng [名] ①グループの長，班長 ②学級委員

搬 bān [動] ①動かす，運ぶ，移す ②引っ越す

搬家 bān//jiā [動] 引っ越しをする

办 bàn [動] 行う，処理する〈～手续〉手続きをする

办法 bànfǎ [名] やり方，方法

办公 bàn//gōng [動] 事務を執る

办公室 bàngōngshì [名] 事務室

半 bàn [数] 半分，2分の1；時間の30分

半天 bàntiān [数量] ①(～儿)半日 ②かなり長い時間，長いこと

半夜 bànyè [名] 夜更け，真夜中

帮 bāng [動] 手伝う

帮忙 bāng//máng 動 手伝う，助ける

帮助 bāngzhù 動 助ける，援助する

棒 bàng 形 すばらしい

棒球 bàngqiú 名 野球

傍晚 bàngwǎn 名 夕方

包 bāo 動 包む
名 (~儿) ①包み，包んだ物 ②バッグ，かばん

包裹 bāoguǒ 名 小包

包括 bāokuò 動 含む，含める

包子 bāozi 名 パオズ；中華まんじゅう

薄 báo 形 薄い

饱 bǎo 形 満腹している

宝贵 bǎoguì 形 貴重だ

保存 bǎocún 動 保存する

保护 bǎohù 動 保護する

保温 bǎowēn 動 保温する

保证 bǎozhèng 動 保証する

保重 bǎozhòng 動 健康に気をつける

报 bào 名 新聞；“报纸”(bàozhǐ)とも《张、份》

报道 bàodào 動 報道する
名 報道

报告 bàogào 動 報告する
名 報告，レポート

报名 bào//míng 動 申し込む

报社 bàoshè 名 新聞社《家》

报纸 bàozhǐ 名 ①新聞，＝“报”(bào) ②新聞紙

抱 bào 動 抱く，抱きかかえる

抱歉 bàoqiàn 形 すまなく思う

杯 bēi 量 コップ・グラスに入った物を数える

杯子 bēizi 名 コップ，グラス

背 bēi 動 背負う

背包 bēibāo 名 リュックサック

北边 běibian 名 (~儿)北側，北の方；“北方”(běifāng)とも

备课 bèi//kè 動 授業の準備をする，下調べをする

背 bèi 名 背中
動 ①背を向ける ②背く ③暗唱する

倍 bèi 量 倍

被 bèi 介 …に…される；受け身を表す

本 běn 量 (~儿)本や雑誌を数える

本来 běnlái 副 本来，もともと

本领 běnlǐng 名 腕前，技能，能力

本子 běnzi 名 ノート

笨 bèn 形 愚かだ；不器用だ，のろまだ

鼻子 bízi 名 鼻

比 bǐ 動 比べる
介 …よりも；比較を示す

比较 bǐjiào 動 比較する
副 割合に，比較的

比如 bǐrú 動 例えば；例を挙げる

比赛 bǐsài 動 競争する，試合をする
名 競争，試合，コンクール

笔 bǐ 名 ペン，筆；筆記用具

笔记 bǐjì 動 筆記する，ノートする
名 筆記，ノート，メモ

笔记本 bǐjìběn 名 手帳，ノート

笔记本电脑 bǐjìběn diànnǎo □ ノートパソコン《台》

必须 bìxū 副 必ず…しなければならない

毕业 bì//yè 動 卒業する

避免 bìmiǎn 動 …を避ける，…から免れる

边…边… biān…biān… □ …しながら…する

编 biān 動 編む，編集する〈~词典〉辞書を編む

便利 biànlì [形] 便利だ

鞭炮 biānpào [名] 爆竹《挂、串》

变 biàn [動] 変わる, 変える

变化 biànhuà [動] 変化する
[名] 変化

便利店 biànlìdiàn [名] コンビニ《家》

遍 biàn [量] (ひとわたりの)動作の回数を数える

标点 biāodiǎn [名] 句読などを示す符号

标准 biǎozhǔn [名] 標準
[形] 標準的だ

表 biǎo [名] 時計;腕時計や懐中時計の類《只、块》

表达 biǎodá [動] 表す, 表現する

表面 biǎomiàn [名] 表面

表示 biǎoshì [動] 表す, 表示する

表现 biǎoxiàn [動] 表す, 表現する
[名] 態度, ふるまい

表演 biǎoyǎn [動] 演じる

表扬 biǎoyáng [動] 表彰する, ほめる

别 bié [副] …してはいけない;“不要”(búyào)とも

别的 bié de □ ほかの(もの)

别人 biéren [名] ほかの人, 他人

宾馆 bīnguǎn [名] ホテル《家》

冰 bīng [名] 氷

冰激凌 bīngjīlíng [名] アイスクリーム

冰箱 bīngxiāng [名] 冷蔵庫

并 bìng [副] (否定詞の前に用い)決して, 別に…でない

并且 bìngqiě [接] なお, かつ, その上

病 bìng [動] 病む, 病気になる
[名] 病, 病気

病人 bìngrén [名] 病人, 患者

拨 bō [動] (指や棒などで)つつく, はじく

玻璃 bōli [名] ガラス

伯伯 bóbo [名] 〈口〉①おじさん;父の兄, =“伯父”(bófù) ②(広く)おじさん

脖子 bózi [名] 首

博物馆 bówùguǎn [名] 博物館《座》

补充 bǔchōng [動] 補う, 補充する

不 bù [副] ①(動詞や形容詞の前に用いて)…しない, …でない ②(応答に用いて)いいえ

不必 búbì [副] …する必要はない, …するまでもない

不错 búcuò [形] よい, 悪くない

不但…而且… búdàn…érqiě… [接] …であるだけでなく…だ

不得了 bùdéliǎo [形] ①(事態が)重大だ, たいへんだ ②…でたまらない

不断 búduàn [副] 絶え間なく, 絶えず

不对 búduì [形] 正しくない, 間違っている

不敢 bùgǎn [動] 勇気がなくて…できない, 思い切って…しようとしない

不管 bùguǎn [接] …であろうとなかろうと, …にかかわらず

不过 búguò [接] だが, しかし

不好意思 bù hǎoyìsi □ 申し訳ない, きまりが悪い

不见 bújiàn [動] (“了”を伴って)なくなる, いなくなる

不仅 bùjǐn [接] …のみならず, …だけでなく

不久 bùjiǔ [形] 時間があまりたっていない, 間もない

不论 búlùn [接] …であろうとなかろうと

不然 bùrán [接] さもなくば, そうでなければ

不如 bùrú [動] …に及ばない
不是…而是… bú shì… ér shì… □ …ではなくて…だ
不是…就是… bú shì… jiù shì… □ …でなければ…だ
不太 bú tài □ あまり…でない
不同 bùtóng [形] 異なる, 同じでない
不行 bùxíng [形] だめだ, いけない
不要 búyào [副] …してはいけない;“别”(bié)とも
不用 búyòng [副] …するに及ばない
布 bù [名] (麻や木綿などの)布
部 bù [量] 一そろいの書物や映画などを数える
部分 bùfen [名] 部分

C

擦 cā [動] こする;ぬぐう, ふく〈～脸〉顔をふく〈～黑板〉黒板を消す
猜 cāi [動] 推し量る, 当てる
才 cái [副] やっと, ようやく, …してはじめて
材料 cáiliào [名] 材料, 資料
采取 cǎiqǔ [動] 採る, 採用する
采用 cǎiyòng [動] 採用する
彩色 cǎisè [名] 彩色;さまざまな色, 色とりどり
彩色电视 cǎisè diànshì □ カラーテレビ
彩色电影 cǎisè diànyǐng □ カラー映画
彩色照片 cǎisè zhàopiàn □ カラー写真
菜 cài [名] 料理, おかず
菜单 càidān [名] メニュー
菜肴 càiyáo [名] 料理, おかず
参观 cānguān [動] 見学する, 参観する
参加 cānjiā [動] 参加する
餐馆 cānguǎn [名] (～儿)レストラン《家》
餐厅 cāntīng [名] (ホテル・駅・空港などの)レストラン《间、家》
藏 cáng [動] ①隠れる, 隠す ②蔵する, 貯える
操场 cāochǎng [名] 運動場, グラウンド
草 cǎo [名] 草
草莓 cǎoméi [名] いちご
厕所 cèsuǒ [名] トイレ
测验 cèyàn [動] ①検査をする ②テストをする
层 céng [量] 建物の階数を数える
曾经 céngjīng [副] かつて
插 chā [動] 挿す
茶 chá [名] 茶
茶馆 cháguǎn [名] (～儿)茶館;中国風の喫茶店《家》
茶叶 cháyè [名] 茶の葉
查 chá [動] 調べる〈～词典〉辞書を引く
差 chà [動] 劣る, 足りない, 差がある, あと…分で…だ
差不多 chàbuduō [形] 大して違わない, ほぼ同じだ
[副] ほとんど
差点儿 chàdiǎnr [副] 危うく, すんでのところで
产量 chǎnliàng [名] 生産量
产品 chǎnpǐn [名] 製品
长 cháng [形] 長い⇔“短”(duǎn)
长处 chángchù [名] 長所, 優れた点
长短 chángduǎn [名] 長さ
长期 chángqī [名] 長期
[形] 長期の
长途 chángtú [形] 長距離の
长途汽车 chángtú qìchē □ 長距離バス
场 cháng [量] 風雨・病気・災害などを数える
尝 cháng [動] 味わう
常 cháng [副] いつも, よく, しょっ

ちゅう；“常常”(chángcháng)とも

常识 chángshí [名] 常識

场 chǎng [量] 映画・演劇などの上演回数を数える

唱 chàng [動] 歌う

唱歌 chàng gē □ 歌を歌う

超过 chāoguò [動] 超える，追い越す

超市 chāoshì [名] スーパー；“超级市场”(chāojí shìchǎng)の略

朝 cháo [介] …に向かって

吵 chǎo [形] 騒がしい
[動] 騒ぐ，わめく

吵架 chǎo//jià [動] 口げんかをする

吵闹 chǎonào [形] うるさい，騒々しい

炒 chǎo [動] 炒める

炒饭 chǎofàn [名] 焼き飯，チャーハン

车 chē [名] 車；自転車，自動車

车间 chējiān [名] 工場の生産現場，部門別の作業場

车库 chēkù [名] 車庫《间》

车票 chēpiào [名] 切符，乗車券《张》

车站 chēzhàn [名] 駅，停留所

沉 chén [形] 重い

衬衫 chènshān [名] シャツ；ワイシャツ・ブラウスの類《件》

称 chēng [動] (重量を)はかる

称呼 chēnghu [動] (…と)呼ぶ

成 chéng [動] …になる，変わる

成分 chéngfèn [名] 成分，要素

成功 chénggōng [動] 成功する
[形] うまくいく；成功裏に

成果 chéngguǒ [名] 成果

成绩 chéngjì [名] 成績，成果

成立 chénglì [動] 成り立つ，成立する

成熟 chéngshú [動] 熟する，成熟する

成为 chéngwéi [動] …になる

成语 chéngyǔ [名] 成語

成长 chéngzhǎng [動] 成長する

承认 chéngrèn [動] 認める，承認する

乘客 chéngkè [名] 乗客

城市 chéngshì [名] 都市《座》

盛 chéng [動] (器物に)盛る〈～饭〉ごはんをよそう

程度 chéngdù [名] 程度

吃 chī [動] 食べる；飲む，吸う〈～药〉薬をのむ

吃饭 chī fàn □ ごはんを食べる

吃惊 chī//jīng [動] 驚く，びっくりする

迟到 chídào [動] 遅刻する

迟早 chízǎo [副] 早晩，遅かれ早かれ

翅膀 chìbǎng [名] 羽，翼《只、对、双》

冲 chōng [動] ①突き進む，突進する ②(熱湯を)注ぐ〈～茶〉茶をいれる

充分 chōngfèn [形] 十分だ

充满 chōngmǎn [形] 満ちる，みなぎる

重复 chóngfù [形] 重複している

重新 chóngxīn [副] 改めて，もう一度

抽 chōu [動] ①抜く，抜き取る ②吸う

抽象 chōuxiàng [形] 抽象的だ

抽烟 chōu yān □ たばこを吸う

臭 chòu [形] 臭い

出 chū [動] 出る，出す

出版 chūbǎn [動] 出版する

出差 chū//chāi [動] 出張する

出发 chūfā [動] たつ，出発する

出口 chū//kǒu [動] 輸出する

出口 chūkǒu [名] (～儿)出口

出来 chūlai [動] ①出てくる ②(-chulai)複合方向補語になる

出门 chū//mén [動] 外出する

出去 chūqu [動] ①出て行く ②(-chuqu)複合方向補

語になる

出生 chūshēng [動] 生まれる

出示 chūshì [動] 呈示する，出して示す

出现 chūxiàn [動] 現れる

出院 chū//yuàn [動] 退院する⇔"住院"(zhù//yuàn)

出租 chūzū [動] 賃貸しする

出租车 chūzūchē [名] タクシー；"出租汽车"(chūzū qìchē)，"的士"(dīshì)とも《辆》

初级 chūjí [形] 初級の

初级中学 chūjí zhōngxué □ 中学校

初中 chūzhōng [名] 中学校；"初级中学"(chūjí zhōngxué)の略

除了 chúle [介] ("以外"と呼応して)…を除いて，…の外に

除夕 chúxī [名] 除夜

厨房 chúfáng [名] 台所，キッチン

处理 chǔlǐ [動] 処理する

穿 chuān [動] 着る，履く〈～衣服〉服を着る〈～鞋〉靴を履く

传统 chuántǒng [名] 伝統
[形] 伝統的な

传说 chuánshuō [動] 言い伝える
[名] 言い伝え，伝説

传真 chuánzhēn [名] ファックス

船 chuán [名] 船《只、条、艘》

窗户 chuānghu [名] 窓《扇》

床 chuáng [名] ベッド《张》

创造 chuàngzào [動] 創造する

创作 chuàngzuò [動] 創作する

吹 chuī [動] 吹く，吹きつける

春节 Chūnjié [名] 春節；旧正月

春天 chūntiān [名] 春

词 cí [名] 単語

词典 cídiǎn [名] 辞書，辞典《本、部》

次 cì [量] 動作の回数を数える

刺激 cìjī [動] 刺激する

聪明 cōngming [形] 賢い，聡明だ

从 cóng [介] …から；起点を示す

从此 cóngcǐ [副] これから，それ以来

从…到… cóng… dào… □ …から…まで

从来 cónglái [副] これまで

从…起… cóng… qǐ… □ …から(始まる，始める)

从前 cóngqián [名] 以前

从事 cóngshì [動] 従事する

粗 cū [形] 太い

促进 cùjìn [動] 促進する

醋 cù [名] 酢

催 cuī [動] 促す，せきたてる

脆 cuì [形] ①もろい，壊れやすい ②さくさくしている，歯ざわりがよい

存 cún [動] 預ける〈～钱〉預金する〈～行李〉荷物を預ける

存在 cúnzài [動] 存在する

措施 cuòshī [名] 措置

错 cuò [形] 誤っている，間違っている
[名] (～儿)誤り，間違い

错误 cuòwù [形] 誤った，間違った
[名] 誤り，間違い

D

答应 dāying [動] ①答える，返事をする ②承知する，承諾する

答 dá [動] 答える

答案 dá'àn [名] 解答，答案

达到 dádào [動] 達成する〈～目的〉目的を達成する

打 dǎ [動] ①打つ，殴る ②(さまざまな動作を)する〈～电话〉電話をかける ③(球技などを)する〈～网球〉テニスをする

打扮 dǎban 動 装う, 化粧する

打车 dǎ//chē 動 タクシーに乗る;〈口〉“打的”(dǎ//dī)とも

打工 dǎ//gōng 動 (臨時の)仕事をする, アルバイトをする

打架 dǎ//jià 動 殴り合いのけんかをする

打搅 dǎjiǎo 動 じゃまをする

打开 dǎkāi 動 開ける, 開く

打雷 dǎ//léi 動 雷が鳴る

打扰 dǎrǎo 動 じゃまをする

打扫 dǎsǎo 動 掃除する

打算 dǎsuan 動 …するつもりだ
名 考え, つもり, 予定

打听 dǎting 動 聞く, 尋ねる

打招呼 dǎ zhāohu □ あいさつする

打折 dǎ//zhé 動 割り引く, 値引きする

打针 dǎ//zhēn 動 注射する

打字 dǎ//zì 動 タイプを打つ, 文字を入力する

大 dà 形 ①(形が)大きい ②(年齢が)上である

大概 dàgài 副 たぶん, おそらく

大后年 dàhòunián 名 再来年の翌年

大后天 dàhòutiān 名 しあさって

大家 dàjiā 代 皆, 皆さん

大街 dàjiē 名 大通り《条》

大楼 dàlóu 名 ビル《座》

大陆 dàlù 名 大陸

大门 dàmén 名 正門

大米 dàmǐ 名 米

大前年 dàqiánnián 名 さきおととし

大前天 dàqiántiān 名 さきおととい

大人 dàren 名 おとな⇔“小孩儿”(xiǎoháir)

大使馆 dàshǐguǎn 名 大使館

大小 dàxiǎo 名 大きさ

大学 dàxué 名 大学《所》

大学生 dàxuéshēng 名 大学生

大衣 dàyī 名 オーバー, 外套《件》

大约 dàyuē 副 およそ;分量について

待 dāi 名 じっととどまる, 滞在する;“呆”とも書く

大夫 dàifu 名 医者, お医者さん

代表 dàibiǎo 動 代表する
名 代表, 代表者

代替 dàitì 動 代わる, 取って代わる, 代わりを務める

带 dài 動 身に帯びる, 身につける, 携帯する〈～手表〉腕時計をはめる

戴 dài 動 身につける〈～帽子〉帽子をかぶる〈～眼镜〉めがねをかける

担任 dānrèn 動 担当する

担心 dān//xīn 動 心配する

单 dān 名 (～儿)書きつけ;請求書など, =“单子”(dānzi)

单词 dāncí 名 単語

单调 dāndiào 形 単調だ

单位 dānwèi 名 ①単位 ②職場

耽误 dānwu 動 ひまどる, 時間をむだにする

但是 dànshì 接 しかし, だが

淡 dàn 形 (色が)薄い, 浅い

蛋糕 dàngāo 名 ケーキ;カステラの類

当 dāng 動 …になる;職業につく, 役割を務める

当然 dāngrán 形 もちろんだ, 当然だ
副 もちろん

当时 dāngshí 名 むかし, その頃, 当時

刀 dāo 名 刀, 刃物《把、口》

刀子 dāozi 名 ナイフ《把、口》

导演 dǎoyǎn 動 演出する, 監督する
名 演出家, 監督

导游 dǎoyóu 動 ガイドを務める

		名	ガイド
倒	dǎo	動	倒れる
倒车	dǎo//chē	動	車を乗り換える，＝“换车”(huàn//chē)
到	dào	動	①着く，到着する ②…まで行く，来る
到处	dàochù	名	至る所，あちこち
到达	dàodá	動	到着する
到底	dàodǐ	副	①ついに，とうとう ②つまるところは，何と言ってもやはり
倒	dào	動	①逆さまにする ②(器を傾けて)物をあける〈～茶 chá〉お茶をつぐ
道	dào	量	順番に出てくる料理，命令や問題などを数える
道理	dàoli	名	道理
道路	dàolù	名	道，道路《条》
道歉	dào//qiàn	動	(すまないと言って)わびる
得	dé	動	①得る ②出来上がる
得到	dédào	動	得る
德语	Déyǔ	名	ドイツ語；“德文”(Déwén)とも
地	de	助	連用修飾語を作る
的	de	助	①…の；連体修飾語を作る ②“是”と呼応して主語の動作を説明する
的话	dehuà	助	(“要是”“如果”など多く仮定を表す接続詞と呼応して)…ならば
得	de	助	①補語を導く ②(動詞と補語の間に用いて)可能を示す
得	děi	動	(時間・費用が)かかる，要する
		助動	…しなければならない
灯	dēng	名	明かり《盏》
等	děng	動	待つ
等待	děngdài	動	待つ
等于	děngyú	動	…に等しい
凳子	dèngzi	名	(背もたれのない)腰掛け《张》
低	dī	形	低い
的确	díquè	副	確かに
底下	dǐxia	名	(…の)下
地	dì	名	①(天に対して)地 ②土地，畑
地板	dìbǎn	名	床，床板
地道	dìdao	形	本場ものだ，生粋だ
地点	dìdiǎn	名	場所，地点
地方	dìfang	名	所，場所
地理	dìlǐ	名	地理
地球	dìqiú	名	地球
地区	dìqū	名	地区，地域
地铁	dìtiě	名	地下鉄
地图	dìtú	名	地図《张、本》
地位	dìwèi	名	地位
地下	dìxià	名	地下
地震	dìzhèn	動	地震が起きる
		名	地震
地址	dìzhǐ	名	住所
弟弟	dìdi	名	弟
递	dì	動	手渡す
第	dì-	接頭	(整数の前に用いて)順序を表す
点	diǎn	動	選ぶ，指定する
		量	時(じ)；時間を数える
点菜	diǎn cài	□	料理を注文する
点名	diǎn//míng	動	点呼する
点头	diǎn//tóu	動	(～儿)うなずく
点心	diǎnxin	名	点心；おやつふうの軽い食べ物
电	diàn	名	電気
电冰箱	diànbīngxiāng	名	冷蔵庫《台》

电车 diànchē 名 電車《辆》
电灯 diàndēng 名 電灯《盏》
电话 diànhuà 名 電話《部》
电脑 diànnǎo 名 コンピューター, パソコン《台》
电视 diànshì 名 ①テレビ ②テレビ受像機, ="电视机"(diànshìjī)《台》
电视剧 diànshìjù 名 テレビドラマ《部》
电视台 diànshìtái 名 テレビ局《家》
电梯 diàntī 名 エレベーター《部》
电影 diànyǐng 名 (~儿)映画《部》
电影院 diànyǐngyuàn 名 映画館《座》
电子邮件 diànzǐ yóujiàn □ Eメール
吊 diào 動 つるす
钓 diào 動 釣る
钓鱼 diào yú □ 魚を釣る
调 diào 動 移す, 動かす, (人を)移動する
调查 diàochá 動 調べる, 調査する
掉 diào 動 落ちる, 落とす
碟子 diézi 名 小皿《只》
顶 dǐng 名 (~儿)頂上, てっぺん
動 頭に頂く, のせる
副 最も, いちばん
订 dìng 動 ①(条約などを)結ぶ ②予約する
定 dìng 動 ①決める, 決まる ②注文する
丢 diū 動 無くす, 失う
东边 dōngbian 名 (~儿)東側, 東の方; "东方"(dōngfāng)とも
东西 dōngxi 名 物, 品物
冬天 dōngtiān 名 冬
懂 dǒng 動 わかる, 理解する
动 dòng 動 ①動く, 動かす ②手を触れる
动身 dòng//shēn 動 出発する, 旅立つ
动手 dòng//shǒu 動 手を触れる
动物 dòngwù 名 動物
动物园 dòngwùyuán 名 動物園
洞 dòng 名 穴, ほら穴
都 dōu 副 みな, すべて
豆腐 dòufu 名 豆腐
独立 dúlì 動 独立する
独特 dútè 形 独特だ
读 dú 動 (声を出して)読む
读书 dú//shū 動 本を読む;勉強する
读者 dúzhě 名 読者
堵车 dǔ//chē 動 車が渋滞する
肚子 dùzi 名 腹, おなか
度假 dùjià 動 休暇を過ごす
端 duān 動 (器物を)両手で平らに持つ〈~菜〉料理を運ぶ
短 duǎn 形 短い⇔"长"(cháng)
短期 duǎnqī 名 短期
形 短期の
短信 duǎnxìn 名 短い手紙, ショートメール
段 duàn 量 長い物や文章を一区切りとして数える
锻炼 duànliàn 動 鍛える, 鍛錬する
堆 duī 動 積み重ねる
队伍 duìwu 名 隊列《支》
对 duì 形 合っている, 正しい
介 …に対して
量 対を成す物を数える
对不起 duìbuqǐ 動 (顔向けできない⇒)すみません
对待 duìdài 動 対応する, あしらう
对方 duìfāng 名 相手
对话 duìhuà 動 対話する
名 対話
对面 duìmiàn 名 向かい, 向かい側
对象 duìxiàng 名 ①対象 ②結婚相手
对于 duìyú 介 …に対して, …に関し

			て,…について
吨	dūn	量	トン
顿	dùn	量	食事や叱責の回数を数える
多	duō	形	多い
		数	…余り
		代	どれほど
		副	なんと…だろう
多么	duōme	副	なんと…だろう
多少	duōshao	代	どのくらい
多数	duōshù	名	多数
躲	duǒ	動	避ける, よける, 隠れる

E

俄语	Éyǔ	名	ロシア語;"俄文"(Éwén)とも
饿	è	形	腹がへっている
儿童	értóng	名	児童
儿子	érzi	名	息子
而	ér	接	語と語, 節と節をつなぐ;順接と逆接の両方に用いる
而且	érqiě	接	そのうえ, さらに
耳朵	ěrduo	名	耳《只、双、对》
二胡	èrhú	名	二胡, 胡弓《把》

F

发	fā	動	(手紙などを)出す,(物を)配る
发表	fābiǎo	動	発表する
发达	fādá	形	発達している
		動	発達させる
发烧	fā//shāo	動	発熱する
发生	fāshēng	動	発生する
发现	fāxiàn	動	発見する, 見つける
发言	fā//yán	動	発言する
		名	(fāyán)発言
发音	fāyīn	名	発音
发展	fāzhǎn	動	発展する, 発展させる
罚	fá	動	罰する
法律	fǎlǜ	名	法律
法语	Fǎyǔ	名	フランス語;"法文"(Fǎwén)とも
翻	fān	動	①ひっくり返る, ひっくり返す ②訳す, 翻訳する
翻译	fānyì	動	翻訳する, 通訳する
		名	訳者, 通訳者
烦恼	fánnǎo	形	悩む, 思い悩む
反对	fǎnduì	動	反対する
反而	fǎn'ér	副	かえって
反复	fǎnfù	動	繰り返す, 反復する
		副	繰り返して
反应	fǎnyìng	動	反応する
反映	fǎnyìng	動	反映する
反正	fǎnzheng	副	いずれにせよ, どうせ, どのみち
犯	fàn	動	犯す
饭	fàn	名	ごはん, 食事
饭店	fàndiàn	名	①ホテル ②レストラン
饭馆	fànguǎn	名	(~儿)食堂, レストラン
饭碗	fànwǎn	名	めし茶碗;生活の資
范围	fànwéi	名	範囲
方便	fāngbiàn	形	便利だ
方法	fāngfǎ	名	方法
方面	fāngmiàn	名	方面, 分野
方向	fāngxiàng	名	方向
方针	fāngzhēn	名	方針
防止	fángzhǐ	動	防ぐ, 防止する
房间	fángjiān	名	部屋, ルーム
房子	fángzi	名	家《间、所、栋》
房租	fángzū	名	家賃
访问	fǎngwèn	動	訪れる, 訪問する
放	fàng	動	置く
放假	fàng//jià	動	休みになる
放心	fàng//xīn	動	安心する

放学 fàng//xué 動 学校がひける
飞 fēi 動 飛ぶ
飞机 fēijī 名 飛行機《架》
非 fēi 副 …でない
非…不可 fēi… bùkě □ ぜひとも…しなければならない
非常 fēicháng 副 非常に
肥 féi 形 ①(人以外の動物について)肥えている，脂がのっている ②(服などが)だぶだぶである，ゆったりしている
费用 fèiyòng 名 費用
分 fēn 動 分ける
量 ①分(ふん)；時間を数える ②分(ぶ)；通貨の単位，“角”(jiǎo)の10分の1
分别 fēnbié 動 ①別れる ②区別する
副 別々に
分配 fēnpèi 動 分配する，割り当てる
分数 fēnshù 名 ①分数 ②点数
分析 fēnxī 動 分析する
粉 fěn 形 桃色の，ピンク色の，=“粉红”(fěnhóng)
粉笔 fěnbǐ 名 チョーク《支、根》
粉红 fěnhóng 形 桃色の，ピンク色の
份 fèn 量 組・セットになった物を数える
丰富 fēngfù 形 豊富だ
风 fēng 名 風
风景 fēngjǐng 名 風景，景色
风俗 fēngsú 名 風俗，風習
风筝 fēngzheng 名 凧(たこ)《只》
封 fēng 動 封をする
量 封書などを数える
缝 féng 動 縫う
缝 fèng 名 (~儿)隙間《道》
否定 fǒudìng 動 否定する
否则 fǒuzé 接 そうでなければ，さもなくば
夫妇 fūfù 名 夫妻《对》
夫妻 fūqī 名 夫婦《对》
夫人 fūren 名 夫人
服务 fúwù 動 奉仕する，サービスする
服务员 fúwùyuán 名 (ホテル・レストランなどの)接客係
符合 fúhé 動 合致する，符合する
幅 fú 量 書画を数える
父母 fùmǔ 名 父母，両親
父亲 fùqin 名 父，父親
辅导 fǔdǎo 動 補習する，指導する
付 fù 動 支払う〈~钱〉金を払う
负责 fùzé 動 責任を負う
妇女 fùnǚ 名 婦人，女性
附近 fùjìn 名 付近，近く
复习 fùxí 動 復習する，おさらいする⇔“预习”(yùxí)
复印 fùyìn 動 コピーする
复印机 fùyìnjī 名 コピー機《台、架》
复杂 fùzá 形 複雑だ
副 fù 量 組になっている物を数える

G

该 gāi 助動 ①…すべきだ ②…のはずだ
改 gǎi 動 改める
改变 gǎibiàn 動 変える，改変する
改革 gǎigé 動 改革する
改善 gǎishàn 動 改善する
改正 gǎizhèng 動 正す，改める
盖 gài 動 かぶせる，ふたをする〈~房子〉家を建てる〈~章〉判を押す
名 (~儿)ふた

干杯 gān//bēi 動 乾杯する
干净 gānjìng 形 きれいだ, 清潔だ
干燥 gānzào 形 乾いている, 乾燥している
干酪 gānlào 名 チーズ
赶紧 gǎnjǐn 副 急いで
赶快 gǎnkuài 副 急いで
赶上 gǎnshàng 動 ①追いつく ②(時間的に)間に合う
敢 gǎn 助動 …する勇気がある, 思い切って…する
感到 gǎndào 動 感じる, 思う
感动 gǎndòng 動 感動する, 感動させる
感激 gǎnjī 動 感激する, 感謝する
感觉 gǎnjué 名 感覚
動 (…と)感じる, 思う, ＝"觉得"(juéde)
感冒 gǎnmào 名 風邪
動 風邪をひく
感情 gǎnqíng 名 感情, 気持ち
感想 gǎnxiǎng 名 感想
感谢 gǎnxiè 動 感謝する
干 gàn 動 する, やる, 行う
干部 gànbù 名 幹部
刚 gāng 副 …したばかり
刚才 gāngcái 名 先ほど, いましがた
刚刚 gānggāng 副 今しがた, たった今(…したばかり)
钢笔 gāngbǐ 名 ペン, 万年筆《支》
钢琴 gāngqín 名 ピアノ《架》
高 gāo 形 高い
高尔夫球 gāo'ěrfūqiú 名 ゴルフ
高级 gāojí 形 高級な
高兴 gāoxìng 形 うれしい
高中 gāozhōng 名 高校;"高级中学"(gāojí zhōngxué)の略
高中生 gāozhōngshēng 名 高校生
搞 gǎo 動 する, やる

告辞 gàocí 動 いとまを告げる, おいとまする
告诉 gàosu 動 (…に…を)告げる, 教える
哥哥 gēge 名 兄, お兄さん
胳膊 gēbo 名 腕《只、双》
搁 gē 動 置く
割 gē 動 刈る, 切る〈～草〉草を刈る〈～肉〉肉を切る
歌 gē 名 (～儿)歌《支、首》
歌曲 gēqǔ 名 歌, 歌曲《支、首》
歌手 gēshǒu 名 歌手
革命 gé//mìng 動 革命を起こす
形 (gémìng)革命的な
隔壁 gébì 名 隣, 隣家
个 gè 量 広く人や物を数える;多く軽声 ge
个人 gèrén 名 個人
个体 gètǐ 名 個体
个子 gèzi 名 背丈
各 gè 代 おのおの, それぞれ
各种 gè zhǒng □ 各種の, さまざまな
给 gěi 動 (…に…を)与える
介 …に…のために;動作・行為の相手や受益者を導く
根 gēn 量 (～儿)細長い感じの物を数える
根本 gēnběn 名 根本
形 根本的な
副 まったく, まるっきり
根据 gēnjù 名 根拠, よりどころ
動 …を根拠とする, …に基づく
介 …に基づき
跟 gēn 介 …と, …に;動作・行為の相手を示す
接 …と…;並列を表す

跟…一样 gēn… yíyàng □ …と同じである
更 gèng 副 さらに, いっそう
更加 gèngjiā 副 さらに, いっそう
工厂 gōngchǎng 名 工場《座、家》
工程师 gōngchéngshī 名 技師, エンジニア
工夫 gōngfu 名 (～儿)①時間 ②暇
工具 gōngjù 名 工具, 道具
工具书 gōngjùshū 名 辞書・参考書の類
工人 gōngrén 名 労働者
工业 gōngyè 名 工業
工艺品 gōngyìpǐn 名 工芸品
工资 gōngzī 名 賃金, 給料
工作 gōngzuò 動 働く, 仕事をする
名 仕事
公 gōng 形 雄の⇔“雌”(cí)
公共 gōnggòng 形 公共の, 共同の
公共汽车 gōnggòng qìchē □ 乗合バス; “公交车”(gōngjiāochē)とも《辆》
公斤 gōngjīn 量 キログラム, =“千克”(qiānkè)
公开 gōngkāi 形 公開されている
動 公開する, おおっぴらにする
公里 gōnglǐ 量 キロメートル, =“千米”(qiānmǐ)
公路 gōnglù 名 自動車道路《条》
公平 gōngpíng 形 公平だ
公司 gōngsī 名 会社《家》
公用 gōngyòng 動 共同で使用する
公用电话 gōngyòng diànhuà □ 公衆電話
公元 gōngyuán 名 西暦紀元
公园 gōngyuán 名 公園
功夫 gōngfu 名 技能, 腕前
功课 gōngkè 名 授業, 勉強, 宿題

恭喜 gōngxǐ 動 おめでとう;2回繰り返して言う
共计 gòngjì 動 合計する
共同 gòngtóng 形 共同の, 共通の
贡献 gòngxiàn 動 貢献する
名 貢献
购买 gòumǎi 動 購入する
狗 gǒu 名 犬《只、条》
够 gòu 動 足りる, 十分だ
估计 gūjì 動 見込む, 見積もる
姑娘 gūniang 名 娘, 女の子
古典 gǔdiǎn 形 古典的な
古老 gǔlǎo 形 古い, 古めかしい
骨头 gǔtou 名 骨
鼓励 gǔlì 動 励ます, 激励する
鼓掌 gǔ//zhǎng 動 拍手する
故事 gùshi 名 物語
故乡 gùxiāng 名 故郷, ふるさと
故意 gùyì 副 わざと, 故意に
顾客 gùkè 名 顧客, おとくい, ひいき
瓜 guā 名 うり
刮 guā 動 (風が)吹く
刮风 guā fēng □ 風が吹く
刮脸 guā//liǎn 動 顔をそる
挂 guà 動 掛ける, 掛かる
挂号 guà//hào 動 ①登録する ②書留にする
挂钟 guàzhōng 名 柱時計, 掛け時計
拐 guǎi 動 曲がる
怪不得 guàibude 副 道理で
关 guān 動 (門や戸を)閉める, (スイッチを)切る
关键 guānjiàn 名 肝心な点, キーポイント, かぎ, かなめ
形 肝心な, 重大な
关门 guān//mén 動 ①扉を閉める ②閉店する
关系 guānxi 名 関係

关心 guānxīn 動 関心を持つ，心を寄せる，気を配る

关于 guānyú 介 …に関して

关照 guānzhào 動 面倒を見る

观察 guānchá 動 観察する

观点 guāndiǎn 名 観点

观众 guānzhòng 名 観客，見物人

管 guǎn 動 管理する，取り締まる，構う，口を出す

管理 guǎnlǐ 動 管理する

冠军 guànjūn 名 優勝，優勝者，チャンピオン

光 guāng 名 光《束、道》
形 すっかりなくなる
副 ただ…だけ

光临 guānglín 動 ご来臨いただく，お越しになる

光明 guāngmíng 名 光明
形 明るい，光り輝く

光线 guāngxiàn 名 光線《条》

广播 guǎngbō 動 放送する
名 放送

广场 guǎngchǎng 名 広場

广大 guǎngdà 形 広い，広大な，広範な

广泛 guǎngfàn 形 広い，広範な

广告 guǎnggào 名 広告

逛 guàng 動 遊びに行く

逛街 guàng jiē □ 街をぶらつく

规定 guīdìng 動 規定する
名 規定

规矩 guīju 名 決まり，規則
形 礼儀正しい，きちんとしている

规律 guīlǜ 名 規律，法則

规模 guīmó 名 規模

贵 guì 形 （値段が）高い

贵姓 guìxìng 名 お名前；姓を聞く

锅 guō 名 鍋，釜《口》

国 guó 名 国

国际 guójì 形 国際的な，国際間の

国家 guójiā 名 国，国家

果酱 guǒjiàng 名 ジャム

果然 guǒrán 副 果たして，案の定

果汁 guǒzhī 名 ジュース

过 guò 動 ①通り過ぎる ②日を過ごす〈～生日〉誕生日を祝う

过分 guò//fèn 形 度を越している

过来 guòlai 動 ①やってくる，近づいてくる ②(-guolai) 複合方向補語になる

过年 guò//nián 動 年を越す，正月を迎える

过去 guòqù 名 過去

过去 guòqu 動 ①過ぎていく，遠ざかっていく
②(-guoqu)複合方向補語になる

过 guo 助 （動詞の後につき）経験を示す；…したことがある

H

还 hái 副 まだ，なお，さらに

还是 háishi 接 …か，それとも…か；選択疑問文を作る

孩子 háizi 名 子，子供

海 hǎi 名 ①海；“大海”(dàhǎi)とも ②大きな湖

海关 hǎiguān 名 税関

海洋 hǎiyáng 名 海洋

害怕 hài//pà 動 恐れる，怖がる

韩国语 Hánguóyǔ 名 韓国語

寒假 hánjià 名 冬休み

寒冷 hánlěng 形 寒い

喊 hǎn 動 叫ぶ，大声をあげる

汉堡包 hànbǎobāo 名 ハンバーガー
汉语 Hànyǔ 名 中国語;漢民族の言語
汉字 Hànzì 名 漢字
汗 hàn 名 汗
行 háng 名 行(ぎょう),列
量 行や列を数える
好 hǎo 形 よい
好吃 hǎochī 形 うまい,おいしい
好处 hǎochù 名 長所,よいところ
好多 hǎoduō 数 多くの,たくさんの
好好儿 hǎohāor 副 〈口〉しっかりと,ちゃんと;"好好"(hǎohǎo)とも
好喝 hǎohē 形 (飲み物が)うまい,おいしい
好几 hǎojǐ 数 いくつもの
好久 hǎojiǔ 形 (時間が)非常に長い
好看 hǎokàn 形 きれいだ,美しい
好容易 hǎoróngyì 形 ようやく,やっとのことで,="好不容易"(hǎobù róngyì)
好听 hǎotīng 形 (音や声が)美しい
好玩儿 hǎowánr 形 面白い
好像 hǎoxiàng 動 まるで…のようだ
副 …のようだ
号 hào 量 (~儿)①番号 ②日;何月何日の「日」
号码 hàomǎ 名 (~儿)番号
好 hào 動 好む
喝 hē 動 飲む〈~茶〉茶を飲む〈~酒〉酒を飲む
合理 hélǐ 形 理にかなっている,合理的だ
合适 héshì 形 ちょうどよい,ぴったりだ
合同 hétong 名 契約
合作 hézuò 動 合作する,協力して仕事をする

和 hé 介 …と,…に;動作・行為の相手を示す
接 …と…;並列を表す
和…一样 hé… yíyàng □ …と同じである
和平 hépíng 名 平和
河 hé 名 川,河《条》
盒 hé 名 (~儿)(蓋つきの)小箱;"盒子"(hézi)とも
贺年片 hèniánpiàn 名 (~儿)年賀状《张》
黑 hēi 形 ①黒い⇔"白"(bái) ②暗い
黑板 hēibǎn 名 黒板
很 hěn 副 たいへん,とても
恨 hèn 動 憎む,恨む
红 hóng 形 赤い
红茶 hóngchá 名 紅茶
红色 hóngsè 名 赤色
猴子 hóuzi 名 猿《只》
后边 hòubian 名 (~儿)後ろ,後ろの方
后悔 hòuhuǐ 動 悔やむ,後悔する
后来 hòulái 名 その後,のちほど
后面 hòumiàn 名 (~儿)後ろ,後ろの方
后年 hòunián 名 さらい年
后天 hòutiān 名 あさって,明後日
厚 hòu 形 厚い
呼吸 hūxī 動 呼吸する
忽然 hūrán 副 急に,突然
胡子 húzi 名 ひげ《根、把、部》
湖 hú 名 湖,湖水
糊涂 hútu 形 (頭が)ぼんやりしている,ぼけている;"胡涂"とも書く
互联网 hùliánwǎng 名 インターネット
花茶 huāchá 名 ジャスミン茶など
互相 hùxiāng 副 互いに,相互に
护士 hùshi 名 看護師
护照 hùzhào 名 パスポート

花	huā	名	(～儿)花
		動	(時間や金銭を)費やす
花瓶	huāpíng	名	(～儿)花瓶《只》
滑冰	huá//bīng	動	スケートをする
滑雪	huá//xuě	動	スキーをする
化学	huàxué	名	化学
画	huà	動	描く〈～画儿〉絵を描く
		名	(～儿)絵《张、幅》
画家	huàjiā	名	画家
话	huà	名	ことば, 話, 文句
坏	huài	形	悪い
		動	壊す, 壊れる
欢迎	huānyíng	動	歓迎する
还	huán	動	返す
环境	huánjìng	名	環境
换	huàn	動	換える, 交換する
换车	huàn//chē	動	車を乗り換える
换钱	huàn//qián	動	両替する
皇帝	huángdì	名	皇帝
黄	huáng	形	黄色い
黄瓜	huánggua	名	きゅうり
恢复	huīfù	動	回復する
回	huí	動	帰る, 戻る
		量	回数を数える
回答	huídá	動	答える, 返答する
回国	huí guó	□	帰国する, 国に帰る
回家	huí jiā	□	帰宅する, 家に戻る
回来	huílai	動	①戻ってくる ②(-huilai) 複合方向補語になる
回去	huíqu	動	①戻っていく ②(-huiqu) 複合方向補語になる
回头	huí//tóu	動	振り返る
		副	(huítóu)のちほど
回信	huí//xìn	動	返信する
		名	(huíxìn)返信
会	huì	助動	①…できる;習得した技術·技能について ②(…するのが)うまい, 上手だ ③…するはずである
会话	huìhuà	名	会話
会议	huìyì	名	会議
活	huó	動	生きる
		名	(～儿)仕事
活动	huódòng	動	活動する
		名	活動
活泼	huópo	形	活発だ
活跃	huóyuè	形	活動的だ
		動	活発にさせる
火	huǒ	名	火
		動	(～儿)怒る
火柴	huǒchái	名	マッチ《根、盒、包》
火车	huǒchē	名	汽車《节、列》
或者	huòzhě	副	あるいは(…かもしれない)
		接	または, あるいは

J

几乎	jīhū	副	ほとんど
机关	jīguān	名	機関, 役所
机场	jīchǎng	名	空港《座》
机会	jīhui	名	機会, チャンス
机票	jīpiào	名	航空券《张》
机器	jīqi	名	機械《台、部》
机器人	jīqirén	名	ロボット
机械	jīxiè	名	機械;総称
		形	機械的だ
鸡	jī	名	鶏《只》
鸡蛋	jīdàn	名	鶏の卵
积极	jījí	形	積極的だ
积累	jīlěi	動	積み重ねる
基本	jīběn	名	基本, 根本
		形	基本的な, 根本的な
		副	基本的に, 大体

基本上	jīběnshang	副	基本的に
基础	jīchǔ	名	基礎
激烈	jīliè	形	激しい, 激烈だ
及格	jí//gé	動	合格する, 及第する
吉他	jítā	名	ギター《把》
极	jí	副	極めて;多く“了”(le)を伴って補語として
即使	jíshǐ	接	たとえ…であっても;“即便”(jíbiàn)とも
急	jí	形	焦る, 気をもむ
急忙	jímáng	形	慌ただしい
集合	jíhé	動	集まる, 集合する
集体	jítǐ	名	集団
集中	jízhōng	動	集中する
几	jǐ	数	いくつ;およそ10以下の不定数を示す
挤	jǐ	動	①しぼる, しぼりだす ②押しあう
		形	押しあいへしあいする
计划	jìhuà	名	計画
		動	計画する
记	jì	動	①覚える ②記す
记得	jìde	動	覚えている
记者	jìzhě	名	記者
纪律	jìlǜ	名	規律
纪念	jìniàn	動	記念する
		名	記念
技术	jìshù	名	技術
季节	jìjié	名	季節
既然…就…	jìrán…jiù…	□	…であるからには…, …するからには…
既…又…	jì…yòu…	□	…でもあり…でもある
继续	jìxù	動	継続する
寄	jì	動	郵送する〈～信〉手紙を出す
加	jiā	動	加える
加班	jiā//bān	動	残業する
加强	jiāqiáng	動	強化する
加以	jiāyǐ	動	加える
加油	jiā//yóu	動	(～儿)頑張る
家	jiā	名	家, 家庭
		量	商店・企業などを数える
家具	jiājù	名	家具
家人	jiārén	名	家族
家庭	jiātíng	名	家庭
家务	jiāwù	名	家事
家乡	jiāxiāng	名	故郷, 郷里
假	jiǎ	形	うその, 偽りの
假如	jiǎrú	接	もし…ならば
价格	jiàgé	名	価格, 値段
价钱	jiàqian	名	値段
价值	jiàzhí	名	価値
架	jià	量	機械などを数える
假期	jiàqī	名	休みの期間
假日	jiàrì	名	休日
坚持	jiānchí	動	堅持する, あくまでもやりぬく
坚决	jiānjué	形	決意が固い, 断固としている
间	jiān	量	部屋を数える
肩膀	jiānbǎng	名	肩
拣	jiǎn	動	①選ぶ ②拾う, =“捡”(jiǎn)
捡	jiǎn	動	拾う
检查	jiǎnchá	動	検査する
减肥	jiǎn//féi	動	体重を減らす, ダイエットする
减轻	jiǎnqīng	動	軽減する
减少	jiǎnshǎo	動	減る, 減らす
剪	jiǎn	動	(はさみで)切る
剪刀	jiǎndāo	名	はさみ《把》
剪子	jiǎnzi	名	はさみ《把》
简单	jiǎndān	形	簡単だ

见 jiàn 動 会う
见面 jiàn//miàn 動 会う，顔を合わす
件 jiàn 量 品物・衣服・事柄などを数える
建设 jiànshè 動 建設する
建议 jiànyì 動 提案する
名 提案
建筑 jiànzhù 動 建築する
名 建築物《座》
健康 jiànkāng 形 健康だ
渐渐 jiànjiàn 副 だんだん，次第に
将 jiāng 介 …を，＝“把”(bǎ)
副 …しようとする，＝“将要”(jiāngyào)
将来 jiānglái 名 将来
讲 jiǎng 動 説く，話す
讲话 jiǎng//huà 動 話す，発言する
讲课 jiǎng//kè 動 授業をする
讲演 jiǎngyǎn 動 講演する
奖 jiǎng 名 賞，賞品
降低 jiàngdī 動 下がる，下げる
降落 jiàngluò 動 着陸する
酱油 jiàngyóu 名 しょうゆ
交 jiāo 動 ①交わる，交際する ②渡す，手渡す
交代 jiāodài 動 (仕事を)引き継ぐ
交给 jiāogěi 動 …に渡す，手渡す
交换 jiāohuàn 動 交換する
交流 jiāoliú 動 交流する
交通 jiāotōng 名 交通
交往 jiāowǎng 動 往来する，交際する
骄傲 jiāo'ào 形 傲慢だ，尊大だ
動 誇らしい，誇りに思う
教 jiāo 動 教える
教给 jiāogěi 動 …に教える
角 jiǎo 量 角；通貨の単位，“元”(yuán)の10分の1
饺子 jiǎozi 名 ギョーザ
脚 jiǎo 名 足；くるぶしから先
叫 jiào 動 ①呼ぶ，叫ぶ ②…と称する，名を…と言う ③…に…させる；使役を表す
介 …に…される；受け身を表す
教导 jiàodǎo 動 教え導く
教师 jiàoshī 名 教師
教室 jiàoshì 名 教室《间》
教育 jiàoyù 名 教育
動 教育する
教员 jiàoyuán 名 教員
阶段 jiēduàn 名 段階
结实 jiēshi 形 丈夫だ
接 jiē 動 (物を)受け取る，(電話などを)受ける，(人を)出迎える
接触 jiēchù 動 接触する
接待 jiēdài 動 接待する，応待する
接近 jiējìn 動 近づく，接近する
接受 jiēshòu 動 受け入れる
接着 jiēzhe 動 続けて
副 引き続き
街 jiē 名 街，通り《条》
节 jié 名 祝日，祭日
量 (竹の節，授業のコマ，文章の段落など)物を切れ目で数える
节目 jiémù 名 番組，プログラム
节日 jiérì 名 記念日，祝祭日
节省 jiéshěng 動 節約する
结构 jiégòu 名 構造，構成，仕組み
结果 jiéguǒ 名 結果
结婚 jié//hūn 動 結婚する
结论 jiélùn 名 結論
结束 jiéshù 動 終わる，終わらせる，締めくくる

结账 jié//zhàng 動 決算する，勘定を支払う
姐姐 jiějie 名 姉，お姉さん
姐妹 jiěmèi 名 姉妹
解决 jiějué 動 解決する
解释 jiěshì 動 解釈する，説明する
介绍 jièshào 動 紹介する
戒烟 jiè yān □ 禁煙する
借 jiè 動 借りる，貸す〈～钱 qián〉金を借りる，金を貸す
斤 jīn 量 斤；重さの単位，1“斤”は500グラム
今后 jīnhòu 名 今後
今年 jīnnián 名 今年，ことし
今天 jīntiān 名 本日，きょう
金鱼 jīnyú 名 金魚《条、尾》
尽管 jǐnguǎn 副 かまわずに，遠慮なく
接 たとえ…であっても
尽管…但是… jǐnguǎn… dànshì… □ …ではあるが，しかし…
尽快 jǐnkuài 副 できるだけ速く
尽量 jǐnliàng 副 できるだけ，なるべく
紧 jǐn 形 きつい⇔“松”(sōng)
紧张 jǐnzhāng 形 緊張している，逼迫(ひっぱく)している
进 jìn 動 入る
进步 jìnbù 動 進歩する
形 進歩的だ
进口 jìn//kǒu 動 輸入する
进来 jìnlai 動 ①入ってくる ②(-jinlai) 複合方向補語になる
进去 jìnqu 動 ①入っていく ②(-jinqu) 複合方向補語になる
进行 jìnxíng 動 進める，進行する
近 jìn 形 近い
近来 jìnlái 名 近頃
禁止 jìnzhǐ 動 禁じる，禁止する
京剧 jīngjù 名 京劇；“京戏”(jīngxì)とも
经常 jīngcháng 副 常に，いつも
经过 jīngguò 動 経る，通過する
名 経過
经济 jīngjì 名 経済
形 経済的だ
经理 jīnglǐ 名 支配人，マネージャー
经历 jīnglì 名 経歴
经验 jīngyàn 名 経験
動 経験する
惊讶 jīngyà 動 いぶかる，驚く
精彩 jīngcǎi 形 生き生きしている，すばらしい
精神 jīngshén 名 精神
精神 jīngshen 名 元気
形 元気だ，はつらつとしている
井 jǐng 名 井戸《口、眼》
景色 jǐngsè 名 景色
警察 jǐngchá 名 ①警察 ②警察官
竟然 jìngrán 副 意外にも，なんと
镜子 jìngzi 名 鏡《面、块》
究竟 jiūjìng 副 いったい，結局
久 jiǔ 形 久しい
酒 jiǔ 名 酒
旧 jiù 形 古い
救 jiù 動 救う，助ける
就 jiù 副 すぐ，すぐに
就是…也… jiùshì… yě… □ たとえ…でも…
就算 jiùsuàn 接 〈口〉たとえ…であっても，＝“即使”(jíshǐ)
橘子 júzi 名 みかん
举 jǔ 動 挙げる
举行 jǔxíng 動 行う，挙行する

句 jù 量 ことばや文を区切って数える
句子 jùzi 名 文, センテンス
具体 jùtǐ 形 具体的だ
具有 jùyǒu 動 持つ, 具える
剧场 jùchǎng 名 劇場《家、所》
距离 jùlí 名 距離, 距たり
聚会 jùhuì 動 集まる
名 会合, 集まり, 寄り合い
决 jué 副 決して, 絶対に
决定 juédìng 動 決める, 決定する
决心 juéxīn 動 決心する, 決意する
名 決心, 決意
角色 juésè 名 役, 役柄
觉得 juéde 動 (…と)感じる, 思う
觉悟 juéwù 動 悟る, 自覚する
名 覚悟, 自覚, 意識
绝对 juéduì 形 絶対的だ
副 絶対に

K

咖啡 kāfēi 名 コーヒー
卡 kǎ 名 ①カード, ="卡片"(kǎpiàn) ②磁気カード, ="磁卡"(cíkǎ)
卡车 kǎchē 名 トラック《辆》
卡拉OK kǎlā OK □ カラオケ
开 kāi 動 開ける, 開く, (スイッチを)入れる
开车 kāi//chē 動 車を運転する
开饭 kāi//fàn 動 ①(お膳立てが整い)ごはんにする, 食事を始める ②(食堂が)開く, 食事の提供を始める
开放 kāifàng 動 開放する, 公開する
开关 kāiguān 名 スイッチ
开花 kāi//huā 動 花が咲く
开会 kāi//huì 動 会を開く, 会に出る
开朗 kāilǎng 形 ①(場所が)明るく広々としている ②(性格などが)明朗である
开门 kāi//mén 動 門や戸を開ける
开始 kāishǐ 動 始める, 始まる
开水 kāishuǐ 名 湯, 熱湯
开玩笑 kāi wánxiào □ 冗談を言う
开心 kāixīn 形 愉快だ, 楽しい
开学 kāi//xué 動 学校が始まる
开演 kāiyǎn 動 開演する
看 kān 動 見張る, 番をする
看家 kān//jiā 動 留守番をする
砍 kǎn 動 (斧や刀で)たたき切る, ばっさり斬る〈~柴〉薪を切る
看 kàn 動 見る, 読む〈~电视〉テレビを見る
看病 kàn//bìng 動 ①診察する, 診察を受ける ②病人を見舞う
看懂 kàndǒng 動 (見て, 読んで)わかる
看法 kànfa 名 見方, 見解
看见 kànjiàn 動 見える, 目に入る
考 kǎo 動 試験をする, 試験を受ける〈~大学〉大学を受験する
考察 kǎochá 動 考察する, 視察する
考虑 kǎolǜ 動 考慮する
考试 kǎo//shì 動 試験をする, 試験を受ける
名 (kǎoshì)試験
烤 kǎo 動 あぶる, 焼く
烤鸭 kǎoyā 名 あひるの丸焼き
靠 kào 動 寄りかかる
科学 kēxué 名 科学
形 科学的だ
棵 kē 量 草木や野菜を数える
颗 kē 量 粒状の物を数える

咳嗽 késou 動 せきをする

可 kě 接 だが, しかし
副 確かに, 本当に

可爱 kě'ài 形 かわいらしい

可靠 kěkào 形 頼りになる, 頼もしい

可乐 kělè 名 コーラ

可怜 kělián 形 かわいそうだ

可能 kěnéng 形 可能だ, できる
副 …する可能性がある, …かもしれない

可怕 kěpà 形 恐ろしい

可是 kěshì 接 だが, しかし

可惜 kěxī 形 惜しい, 残念だ

可以 kěyǐ 助動 …できる, …しても差し支えない
形 〈口〉まあまあだ, 悪くない

渴 kě 形 のどが渇いている

克 kè 量 グラム

克服 kèfú 動 克服する〈～困难〉困難を克服する

刻 kè 動 刻む
量 15分

客气 kèqi 形 遠慮する

客人 kèren 名 客

客厅 kètīng 名 客間, 応接室《间》

刻苦 kèkǔ 形 ①骨身を惜しまず努力する ②生活が質素である

课 kè 名 授業, 課目
量 テキストの課を数える

课本 kèběn 名 テキスト《册》

课文 kèwén 名 テキストの本文

肯 kěn 助動 喜んで…する

肯定 kěndìng 動 肯定する
副 確かに, 必ず

空 kōng 形 何もない, からっぽだ

空间 kōngjiān 名 空間

空气 kōngqì 名 空気

空调 kōngtiáo 名 エアコン《台》

恐怕 kǒngpà 副 おそらく

空 kòng 名 (～儿)空いた時間, 暇

控制 kòngzhì 動 制御する, コントロールする

口 kǒu 量 ①家族の人数を数える ②豚を数える

口袋 kǒudai 名 (～儿)①袋 ②ポケット

口试 kǒushì 名 口頭試験⇔"笔试"(bǐshì)

口音 kǒuyīn 名 なまり

口语 kǒuyǔ 名 口語, 話しことば

哭 kū 動 泣く

苦 kǔ 形 苦い

裤子 kùzi 名 ズボン《条》

块 kuài 量 ①塊状の物を数える ②〈口〉通貨の単位;"元"(yuán)に同じ

快 kuài 形 速い
副 ①速く, さっさと ②まもなく(…する, …になる);"快要"(kuàiyào)とも

快餐 kuàicān 名 ファストフード

快车 kuàichē 名 急行列車, 急行バス⇔"慢车"(mànchē)

快乐 kuàilè 形 楽しい, 愉快だ

快要 kuàiyào 副 まもなく(…する, …になる);"快"(kuài)とも

筷子 kuàizi 名 箸(はし)《只、双》

宽 kuān 形 (幅や範囲が)広い⇔"窄"(zhǎi)

宽松 kuānsong 形 (衣類などが)ゆるやかである, ゆったりしている

困 kùn 形 眠い

困难 kùnnan 形 困難だ

名 困難

扩大 kuòdà 動 拡大する

L

拉 lā 動 ①引く, 引っ張る ②(弦楽器を)弾く

垃圾 lājī 名 ごみ

辣 là 形 辛い

来 lái 動 ①来る ②(-lai)(補語として用い)近づくことを表す

来不及 láibují 動 (時間的に)間に合わない

来得及 láidejí 動 (時間的に)間に合う

来回 láihuí 動 往復する
名 (~儿)往復, 行き帰り

来往 láiwǎng 動 行き来する

来信 lái//xìn 動 手紙が届く, 手紙をよこす
名 (láixìn)届いた手紙, 来信

蓝 lán 形 空色の

蓝色 lánsè 名 青色, 空色, ブルー

篮球 lánqiú 名 バスケットボール

篮子 lánzi 名 かご《只》

朗读 lǎngdú 動 朗読する

浪费 làngfèi 動 浪費する

捞 lāo 動 すくう, すくい上げる

劳动 láodòng 動 労働する

劳驾 láo//jià 動 (ご足労をかける⇒)ご苦労さま, すみませんが…していただけませんか

老 lǎo 形 年老いている
接頭 年長者の姓にかぶせて親近感を示す

老百姓 lǎobǎixìng 名 庶民, 民草

老板 lǎobǎn 名 商店の主人, 会社の経営者など

老虎 lǎohǔ 名 虎《只》

老家 lǎojiā 名 郷里, 故郷の家, 実家

老奶奶 lǎonǎinai 名 ①曽祖母, ひいおばあさん ②(広く)おばあさん

老婆 lǎopo 名 〈口〉妻, 女房

老人 lǎorén 名 老人

老师 lǎoshī 名 (学校の)先生

老实 lǎoshi 形 まじめだ, おとなしい

老鼠 lǎoshǔ 名 ねずみ《只》

老爷爷 lǎoyéye 名 ①曽祖父, ひいおじいさん ②(広く)おじいさん

姥姥 lǎolao 名 おばあさん;母方の祖母

姥爷 lǎoye 名 おじいさん;母方の祖父

了 le 助 動作の完了や変化を示す

雷 léi 名 雷

雷雨 léiyǔ 名 雷雨《场、阵》

累 lèi 形 疲れている

冷 lěng 形 寒い, 冷たい

离 lí 介 …から;どれくらい離れているかをいう

离婚 lí//hūn 動 離婚する

离开 líkāi 動 去る, 離れる

厘米 límǐ 量 センチメートル

礼拜天 lǐbàitiān 名 〈口〉日曜日, ="星期天"(xīngqītiān)

礼貌 lǐmào 名 礼儀, マナー
形 礼儀正しい

礼品 lǐpǐn 名 贈り物, プレゼント

礼堂 lǐtáng 名 講堂, ホール《座》

礼物 lǐwù 名 贈り物, プレゼント

里 lǐ 名 ①中, ="里边"(lǐbian) ②(li)(…の)中

里边 lǐbian 名 (～儿) 中, 中の方;“里面”(lǐmiàn)とも

理发 lǐ//fà 動 散髪する, 理髪する

理解 lǐjiě 動 理解する

理想 lǐxiǎng 名 理想
形 理想的だ

理由 lǐyóu 名 理由

力量 lìliang 名 力, 力量《股》

力气 lìqi 名 (肉体的な)力

历史 lìshǐ 名 歴史

厉害 lìhai 形 (程度が)激しい, ひどい, すさまじい

立即 lìjí 副 直ちに, ＝“立刻”(lìkè)

立刻 lìkè 副 直ちに, 即座に

利益 lìyì 名 利益

利用 lìyòng 動 利用する

例如 lìrú 動 例えば…など;例を挙げるのに用いる

例子 lìzi 名 例

连 lián 介 …さえも, …すらも

俩 liǎ 数量 2人, 2つ, ＝“两个”(liǎng ge)

连…都… lián…dōu… □ …さえも, …すら;“连…也…”(lián…yě…)とも

联系 liánxì 動 連絡する

脸 liǎn 名 顔《张》

脸色 liǎnsè 名 顔色

练习 liànxí 動 練習する
名 練習, 練習問題

恋爱 liàn'ài 動 恋愛する

凉开水 liángkāishuǐ 名 湯ざまし

良好 liánghǎo 形 良い, 良好だ

凉 liáng 形 冷たい, 冷えている

凉快 liángkuai 形 涼しい

量 liáng 動 はかる〈～布〉(物差しで)布をはかる〈～米〉(ますで)米をはかる〈～体温〉体温をはかる

粮食 liángshi 名 食糧

两 liǎng 数 ふたつ, ふたり;個数や人数を数える

亮 liàng 形 明かるい
動 明かるくなる, (夜が)明ける

辆 liàng 量 車両を数える

晾 liàng 動 (風に当てたり日陰に置いたりして)干す, 乾かす

聊 liáo 動 しゃべる, 雑談する

聊天儿 liáo//tiānr 動 おしゃべりする, 世間話をする

了不起 liǎobuqǐ 形 すごい, すばらしい

了解 liǎojiě 動 了解する

列车 lièchē 名 列車《次》

邻居 línjū 名 隣人, 隣居

临时 línshí 副 その時になって, その場になって
形 臨時の

灵活 línghuó 形 敏活だ, とっさに頭が働く

零 líng 数 ①零, ゼロ ②3桁以上の数において中間の空位を示す

零钱 língqián 名 小銭, ばら銭

领 lǐng 動 ①率いる ②受け取る

领带 lǐngdài 名 ネクタイ《条》

领导 lǐngdǎo 動 指導する
名 指導者, 上司

另外 lìngwài 代 別の, ほかの
副 別に, そのほかに
接 それに, それから

留 liú 動 留める, 引き留める

留念 liúniàn 動 記念にする

留心 liú//xīn 動 注意する, 気をつける

留学 liú//xué 動 留学する

留学生 liúxuéshēng [名] 留学生
流 liú [動] 流れる
流感 liúgǎn [名] 流感，インフルエンザ
流利 liúlì [形] (ことばが)流暢だ
流行 liúxíng [動] はやる，流行する
龙 lóng [名] 竜《条》
楼 lóu [名] ①2階建以上の建物 ②階，フロア
楼上 lóushàng [名] 階上
楼梯 lóutī [名] 階段
楼下 lóuxià [名] 階下
录 lù [動] ①記録する ②録音する，録画する
录像 lù//xiàng [動] 録画する
[名] (lùxiàng)録画
录音 lù//yīn [動] 録音する
[名] (lùyīn)録音
路 lù [名] 道，道路《条》
路上 lùshang [名] 道中
旅馆 lǚguǎn [名] 旅館《家、座》
旅客 lǚkè [名] 旅客
旅行 lǚxíng [動] 旅行する
旅游 lǚyóu [動] 観光旅行をする
绿 lǜ [形] 緑色の
绿茶 lǜchá [名] 緑茶
绿色 lǜsè [名] 緑色
[形] 安全な；環境にやさしい，エコロジカルな
乱 luàn [形] 乱れている，混乱している
轮椅 lúnyǐ [名] 車椅子《只》
论文 lùnwén [名] 論文《篇》
萝卜 luóbo [名] 大根

M

妈妈 māma [名] 母，お母さん；“妈”(mā)とも
麻烦 máfan [形] 面倒だ，煩わしい
[動] 面倒をかける
马 mǎ [名] 馬《匹》
马虎 mǎhu [形] いいかげんだ，そそっかしい
马路 mǎlù [名] 大通り《条》
马马虎虎 mǎmahūhū [形] いいかげんだ，そそっかしい；“马虎”(mǎhu)の強調形
马上 mǎshàng [副] すぐに，直ちに
码头 mǎtóu [名] 波止場，埠頭(ふとう)
骂 mà [動] ののしる，叱る
吗 ma [助] 疑問の語気を表す
嘛 ma [助] 感嘆・反問・反語などの語気を表す
买 mǎi [動] 買う〈～东西〉買い物をする
买卖 mǎimai [名] 商売，取り引き《笔》
卖 mài [動] 売る
馒头 mántou [名] マントウ；中華ふう蒸しパン
满 mǎn [動] 満ちる，一杯になる
[形] 満ちている
满意 mǎnyì [動] 満足する，気に入る
满足 mǎnzú [動] 満足する，満足させる
慢 màn [形] (動作・速度が)遅い，ゆっくりしている
慢慢 mànmàn [形] ゆっくりと，〈口〉“慢慢儿”(mànmānr)
忙 máng [形] 忙しい
猫 māo [名] 猫《只》
毛 máo [量] 〈口〉通貨の単位；“角”(jiǎo)に同じ
毛病 máobing [名] ①(器物の)故障 ②(個人の)悪癖，欠点
毛巾 máojīn [名] タオル《条》
毛衣 máoyī [名] セーター《件》
矛盾 máodùn [名] 矛盾
[動] 矛盾する

		形	矛盾している
贸易	màoyì	名	交易, 商取引
帽子	màozi	名	帽子《顶》
没(有)	méi(you)	副	動作が発生していないことを示す
没意思	méi yìsi	□	面白くない, つまらない⇔"有意思"(yǒu yìsi)
没有	méiyǒu	動	ない, いない
眉毛	méimao	名	眉毛《道、双》
媒体	méitǐ	名	媒体, メディア
煤气	méiqì	名	ガス
煤油	méiyóu	名	灯油
每	měi	代	それぞれの, すべての
每年	měi nián	□	毎年
每天	měi tiān	□	毎日
每月	měi yuè	□	毎月
美	měi	形	美しい, きれいだ
美好	měihǎo	形	美しい, 上品だ, うるわしい
美丽	měilì	形	美しい
美术	měishù	名	美術
美元	měiyuán	名	米ドル
妹妹	mèimei	名	妹
闷热	mēnrè	形	蒸し暑い
门	mén	名	門, 戸, ドア《扇》
门口	ménkǒu	名	(~儿)出入り口, 戸口
门票	ménpiào	名	(公園・博物館などの)入場券《张》
门前	ménqián	名	門の前
门外	ménwài	名	門の外
们	-men	接尾	複数を表す
迷	mí	動	迷う, 夢中になる
谜语	míyǔ	名	なぞ, なぞなぞ
米	mǐ	名	米
		量	メートル
米饭	mǐfàn	名	米飯, ライス
秘密	mìmì	形	秘密の
		名	秘密
密切	mìqiè	形	密接だ
免费	miǎn//fèi	動	費用を免除する
勉强	miǎnqiǎng	動	強いる
		形	しぶしぶ承知する, 無理をする
面	miàn	名	①小麦粉 ②麺類
		量	(鏡・旗など)平たい物を数える
面包	miànbāo	名	パン《片、块》
面积	miànjī	名	面積
面孔	miànkǒng	名	顔;顔つき, 表情
面貌	miànmào	名	顔だち, 容貌
面前	miànqián	名	…の面前
面条儿	miàntiáor	名	うどん
描写	miáoxiě	動	描写する
秒	miǎo	量	秒
庙	miào	名	廟, 寺《座》
灭	miè	動	①消える, 消す ②滅ぶ, 滅ぼす
民主	mínzhǔ	名	民主
		形	民主的だ
民族	mínzú	名	民族
名	míng	量	一定の身分を持つ人や定員などを数える
名牌	míngpái	名	(~儿)有名ブランド
名牌大学	míngpái dàxué	□	有名大学
名牌货	míngpái huò	□	ブランド品
名片	míngpiàn	名	(~儿)名刺《张》
名胜古迹	míngshèng gǔjì	□	名所旧跡
名字	míngzi	名	名, 名前, 名称
明白	míngbai	形	明らかだ
明年	míngnián	名	来年
明确	míngquè	形	明確だ
		動	明確にする
明天	míngtiān	名	明日, あす, あした
明显	míngxiǎn	形	明らかだ, はっきりしている

明信片 míngxìnpiàn [名] はがき《张》

明星 míngxīng [名] (映画・演劇・スポーツなどの)スター

命 mìng [名] 生命, 命《条》

命令 mìnglìng [動] 命令する
[名] 命令《道、条》

命运 mìngyùn [名] 運命, 命運

摸 mō [動] なでる, 触る

模糊 móhu [形] はっきりしない, ぼやけている

摩托车 mótuōchē [名] オートバイ《辆》

没收 mòshōu [動] 没収する

母 mǔ [形] 雌の⇔"公"(gōng)

母亲 mǔqin [名] 母, 母親

木头 mùtou [名] 木材

目标 mùbiāo [名] 目標

目的 mùdì [名] 目的

目前 mùqián [名] 目前, 目下, 現在

N

拿 ná [動] 手に持つ

哪 nǎ [代] どれ, どの〈口〉něi

哪个 nǎge [代] どれ, どの

哪里 nǎli [代] どこ

哪怕 nǎpà [接] たとえ…でも

哪儿 nǎr [代] 〈口〉どこ

…哪儿…哪儿 …nǎr…nǎr □ どこでも

哪些 nǎxiē [代] どれだけ, どれだけの

那 nà [代] それ, あれ;その, あの〈口〉nèi
[接] では, それでは

那边 nàbian [代] (~儿)そこ, あそこ

那个 nàge [代] それ, あれ;その, あの

那里 nàli [代] そこ, あそこ

那么 nàme [代] そのように
[接] では, それでは

那儿 nàr [代] 〈口〉そこ, あそこ

那些 nàxiē [代] それら, あれら;それらの, あれらの

那样 nàyàng [代] (~儿)あのような, そのような;あのように, そのように

奶奶 nǎinai [名] おばあさん;父方の祖母

奶油 nǎiyóu [名] クリーム

男 nán [形] 男の⇔"女"(nǚ)

男孩儿 nánháir [名] 男の子, ="男孩子"(nán háizi)

男朋友 nán péngyou □ ボーイフレンド

男人 nánrén [名] 男, 男の人

南边 nánbian [名] (~儿)南側, 南の方;"南方"(nánfāng)とも

难 nán [形] 難しい

难道 nándào [副] (文末に"吗"を伴って)まさか…ではあるまい

难得 nándé [形] 得がたい

难过 nánguò [形] つらい, 苦しい, やりきれない

难看 nánkàn [形] 醜い

难受 nánshòu [形] 苦しい, 悲しい, こらえられない

脑袋 nǎodai [名] 〈口〉頭, 頭部

脑筋 nǎojīn [名] 頭の働き

闹 nào [動] 騒ぐ

闹钟 nàozhōng [名] 目覚まし時計《座》

呢 ne [助] 疑問や継続・進行の語気を示す

内容 nèiróng [名] 内容

能 néng [助動] (能力・可能性があって)…できる

能干 nénggàn [形] 能力がある, 仕事がよくできる

能够 nénggòu [助動] (能力・条件を備えていて)できる

能力 nénglì [名] 能力

能源 néngyuán [名] エネルギー源
年 nián [量] 年数を数える
年代 niándài [名] 年代
年底 niándǐ [名] 年末;“年末”(niánmò)とも
年级 niánjí [名] 学年
年纪 niánjì [名] 年齢
年龄 niánlíng [名] 年齢
年轻 niánqīng [形] 年が若い
年轻人 niánqīngrén [名] 若者
念 niàn [動] (声を出して)読む〈～书〉本を読む
念书 niàn//shū [動] ①本を読む ②勉強する
鸟 niǎo [名] 鳥《只》
牛 niú [名] 牛《头》
牛奶 niúnǎi [名] 牛乳, ミルク
扭 niǔ [動] (首などを)ねじる, (手などを)くじく
农村 nóngcūn [名] 農村
农历 nónglì [名] 旧暦, 陰暦
农民 nóngmín [名] 農民
农业 nóngyè [名] 農業
浓 nóng [形] 濃い
弄 nòng [動] いじる, 触る, こしらえる, 都合する
努力 nǔlì [動] 努力する
[形] 努力している
女 nǚ [形] 女の⇔“男”(nán)
女孩儿 nǚháir [名] 女の子, =“女孩子”(nǚ háizi)
女朋友 nǚ péngyou □ ガールフレンド
女儿 nǚ’ér [名] 娘
女人 nǚrén [名] 女, 女の人
女士 nǚshì [名] 女性に対する尊称
暖和 nuǎnhuo [形] 暖かい

O

偶尔 ǒu’ěr [副] たまに, ときたま
偶然 ǒurán [副] 偶然, たまたま

P

爬 pá [動] ①はう ②よじのぼる
爬山 pá shān □ 山に登る
怕 pà [動] 恐れる, 心配する
拍 pāi [動] ①たたく〈～球〉まりをつく ②撮影する〈～电影〉映画を撮影する
拍打 pāida [動] 軽くたたく, はたく
拍手 pāi//shǒu [動] 手をたたく, 拍手する
拍照 pāi//zhào [動] 写真を撮る, =“照相”(zhào//xiàng)
排 pái [動] 並ぶ, 並べる
排队 pái//duì [動] 列に並ぶ, 列を作る
排球 páiqiú [名] バレーボール
派 pài [動] ①派遣する ②(仕事を)割り振る
盘 pán [量] 大皿に盛った料理を数える
盘子 pánzi [名] 大皿
判断 pànduàn [動] 判断する
盼望 pànwàng [動] 待ち望む
旁边 pángbiān [名] (～儿)そば, かたわら
胖 pàng [形] 太っている⇔“瘦”(shòu)
跑 pǎo [動] 走る
跑步 pǎo//bù [動] 駆け足する, ジョギングする
泡 pào [動] 漬ける, 浸す
陪 péi [動] お供をする, 相伴する
培养 péiyǎng [動] 養成する
赔 péi [動] 償う, 弁償する
朋友 péngyou [名] 友達, 友人
捧 pěng [動] (両手で)ささげるようにして持つ

碰　pèng　動　ぶつかる
碰见　pèngjiàn　動　ばったり出会う，でくわす
批　pī　量　ひとまとまりの人や物を数える
批改　pīgǎi　動　添削する
批评　pīpíng　動　批判する，叱る
披　pī　動　羽織る〈～大衣〉オーバーを羽織る
皮　pí　名　①皮　②(～儿)表面を包む物
皮包　píbāo　名　革製のかばん《只》
皮肤　pífū　名　皮膚
皮鞋　píxié　名　革靴《只、双》
啤酒　píjiǔ　名　ビール
脾气　píqi　名　気性，気立て，癖
匹　pǐ　量　馬を数える
屁股　pìgu　名　尻
偏　piān　副　あいにく，ひとえに，＝"偏偏"(piānpiān)
篇　piān　量　文章を数える
便宜　piányi　形　(値段が)安い
片　piàn　量　(～儿)平たく薄い物を数える
骗　piàn　動　だます
票　piào　名　切符，チケット《张》
漂亮　piàoliang　形　きれいだ，美しい
拼命　pīnmìng　副　命がけで，必死になって
品种　pǐnzhǒng　名　品種
乒乓球　pīngpāngqiú　名　卓球
平安　píng'ān　形　平安だ，無事だ
平常　píngcháng　形　普通だ，ありふれている
　名　平常，ふだん
平等　píngděng　形　平等だ
平静　píngjìng　形　平静だ，穏やかだ，落ち着いている
平均　píngjūn　動　平均する
　形　平均的だ
平时　píngshí　名　ふだん，日頃
评价　píngjià　動　評価する
　名　評価
苹果　píngguǒ　名　りんご
瓶　píng　名　(～儿)瓶，ボトル
　量　瓶によって数える
瓶子　píngzi　名　瓶，ボトル
破　pò　動　破る，破れる，壊す，壊れる
　形　破れている，壊れている
破坏　pòhuài　動　破壊する
葡萄　pútao　名　ぶどう《串》
葡萄酒　pútaojiǔ　名　ぶどう酒
朴素　pǔsù　形　素朴だ，質素だ
普通　pǔtōng　形　普通だ，どこにでも見られる，ありふれている
普通话　pǔtōnghuà　名　中国語の共通語

Q

沏　qī　動　(器に入れた茶の葉に湯をそそいで)お茶を入れる
妻子　qīzi　名　妻
期待　qīdài　動　期待する
期间　qījiān　名　期間
欺骗　qīpiàn　動　だます
齐　qí　形　そろっている
其次　qícì　代　その次
其实　qíshí　副　実は，本当は
其他　qítā　代　その他
其中　qízhōng　名　その中
奇怪　qíguài　形　不思議だ
奇迹　qíjì　名　奇跡
骑　qí　動　(またがって)乗る〈～马〉馬に乗る〈～自行车〉自転車に乗る
企业　qǐyè　名　企業《家》

起	qǐ	動	立つ，起きる
起床	qǐ//chuáng	動	起きる，起床する
起飞	qǐfēi	動	離陸する
起来	qǐlai	動	①立ち上がる，起き上がる ②(-qilai)複合方向補語になる
气愤	qìfèn	形	腹を立てる，怒る
气候	qìhòu	名	気候
气温	qìwēn	名	気温
汽车	qìchē	名	自動車《辆》
汽水	qìshuǐ	名	ソーダ水，サイダー
汽油	qìyóu	名	ガソリン
千	qiān	数	千，千の位
千克	qiānkè	量	キログラム；“公斤”(gōngjīn)とも
千米	qiānmǐ	量	キロメートル；“公里”(gōnglǐ)とも
千万	qiānwàn	副	ぜひとも，決して
铅笔	qiānbǐ	名	鉛筆《支》
签名	qiān//míng	動	(書類や領収書などに)署名する，サインする
		名	(qiānmíng)署名，サイン
签证	qiānzhèng	名	ビザ，査証
签字	qiān//zì	動	(承諾したしるしに)署名する，サインする
		名	(qiānzì)署名，サイン
前边	qiánbian	名	(~儿)前，前の方
前后	qiánhòu	名	前後
前进	qiánjìn	動	前進する
前面	qiánmiàn	名	(~儿)前，前の方
前年	qiánnián	名	おととし，一昨年
前天	qiántiān	名	おととい，一昨日
钱	qián	名	お金
钱包	qiánbāo	名	財布
浅	qiǎn	形	浅い
枪	qiāng	名	銃，鉄砲《支》
强	qiáng	形	強い，優れている ⇔“弱”(ruò)
强大	qiángdà	形	強大だ
强调	qiángdiào	動	強調する
墙	qiáng	名	壁，塀《堵、道》
抢	qiǎng	副	奪う，奪い取る
悄悄	qiāoqiāo	副	(~儿)こっそりと
敲	qiāo	動	たたく〈~门〉ドアをノックする
桥	qiáo	名	橋《座》
瞧	qiáo	動	見る
切	qiē	動	切る
茄子	qiézi	名	なす，なすび
亲爱	qīn'ài	形	愛する，親愛なる
亲戚	qīnqi	名	親戚
亲切	qīnqiè	形	親しみ深い，心がこもっている
亲眼	qīnyǎn	副	自分の目で，この目で
亲自	qīnzì	副	自ら，自分で
青年	qīngnián	名	青年
轻	qīng	形	軽い
轻松	qīngsōng	形	軽やかだ，気楽だ
清晨	qīngchén	名	早朝
清楚	qīngchu	形	はっきりしている
蜻蜓	qīngtíng	名	とんぼ《只》
情节	qíngjié	名	いきさつ，プロット，小説の筋
情景	qíngjǐng	名	情景，ありさま，状況
情况	qíngkuàng	名	状況
情人	qíngrén	名	恋人《对》
情形	qíngxíng	名	状況，状態，様子
晴	qíng	形	晴れている
请	qǐng	動	①請う ②どうぞ…してください
请假	qǐng//jià	動	休暇をとる
请教	qǐngjiào	動	教えを請う，教えてもらう
请客	qǐng//kè	動	客を招く
请求	qǐngqiú	動	請う，頼む，要求する

名 要求

庆祝 qìngzhù 動 祝う，祝す

请问 qǐngwèn 動 尋ねる，お伺いする

穷 qióng 形 貧しい，貧乏だ

秋天 qiūtiān 名 秋

求 qiú 動 頼む，求める

球 qiú 名 まり，ボール

球赛 qiúsài 名 球技の試合《场》

区别 qūbié 動 区別する

名 区別，違い

曲子 qǔzi 名 歌，曲《支、首》

取 qǔ 動 取る，受け取る

取得 qǔdé 動 手に入れる

取消 qǔxiāo 動 取り消す

去 qù 動 ①行く，出かける ②(-qu)(補語として用い)遠ざかることを表す

去年 qùnián 名 昨年，去年

去世 qùshì 動 亡くなる，逝去する

全 quán 形 ①完全だ，そろっている ②すべての

全部 quánbù 名 全部，すべて

全家 quánjiā 名 一家，家族全員

全体 quántǐ 名 全体

劝 quàn 動 勧める，勧告する

缺点 quēdiǎn 名 欠点，短所

缺少 quēshǎo 動 欠く，欠ける，不足する

却 què 副 かえって，ところが

确定 quèdìng 形 確かだ

動 確定する

确认 quèrèn 動 確認する

确实 quèshí 形 確かだ，確実だ

副 確かに，間違いなく

裙子 qúnzi 名 スカート《条》

群 qún 量 群れを成すものを数える

R

然而 rán'ér 接 しかし，けれども

然后 ránhòu 接 それから，その後

让 ràng 動 ①譲る，勧める ②…に…させる

介 …に…される

绕 rào 動 回る，巡る，遠回りする

惹 rě 動 (悪い結果を)引き起こす，(相手を)刺激する

热 rè 形 (気候が)暑い，(飲食物などが)熱い

热爱 rè'ài 動 熱烈に愛する，熱愛する

热狗 règǒu 名 ホットドッグ

热烈 rèliè 形 熱烈だ

热闹 rènao 形 にぎやかだ

热情 rèqíng 形 心がこもっている，親切だ

热心 rèxīn 形 熱心だ

人 rén 名 人間，人

人才 réncái 名 人材

人家 rénjia 代 ①人様，他人 ②私

人口 rénkǒu 名 人口

人们 rénmen 名 人々

人民 rénmín 名 人民

人民币 rénmínbì 名 中国の法定貨幣

人物 rénwù 名 人物

人员 rényuán 名 人員

忍不住 rěnbuzhù 動 我慢できない

认识 rènshi 動 知る，知っている

认为 rènwéi 動 …と考える

认真 rènzhēn 形 まじめだ，熱心だ

任何 rènhé 代 どんな，いかなる

任务 rènwu 名 任務，務め，役割

扔 rēng 動 ①投げる ②捨てる

仍然 réngrán 副 依然として，やはり

日 rì 名 太陽，＝"太阳"(tàiyang)

量 日, ="号"(hào)
日程 rìchéng 名 日程, スケジュール
日记 rìjì 名 日記
日历 rìlì 名 カレンダー
日期 rìqī 名 期日
日语 Rìyǔ 名 日本語;"日文"(Rìwén)とも
日元 rìyuán 名 日本円
日子 rìzi 名 日, 日にち, 暮らし
容易 róngyì 形 易しい, 容易だ
肉 ròu 名 肉
如果 rúguǒ 接 もし…ならば
入口 rù//kǒu 動 輸入する
入口 rùkǒu 名 (~儿)入口
入学 rùxué 動 入学する
软 ruǎn 形 軟らかい
弱 ruò 形 弱い, 劣っている⇔"强"(qiáng)

S

洒 sǎ 動 ①(水を)まく ②(水を)こぼす
撒 sǎ 動 まく, ふりかける
三明治 sānmíngzhì 名 サンドイッチ
伞 sǎn 名 傘《把》
散步 sàn//bù 動 散歩する
嗓子 sǎngzi 名 ①のど ②声
扫 sǎo 動 掃く, 掃除する
涩 sè 形 渋い
森林 sēnlín 名 森, 森林
杀 shā 動 ①殺す ②攻める, 突撃する
沙发 shāfā 名 ソファー《只、套》
晒 shài 動 干す, 日光に当てる〈~太阳〉日なたぼっこをする
山 shān 名 山《座》
扇 shàn 量 扉・窓を数える
善良 shànliáng 形 善良だ
善于 shànyú 動 …がうまい, …にたけている
擅长 shàncháng 動 …が上手だ, …を得意とする
伤 shāng 動 傷つく, 傷つける
名 傷
伤脑筋 shāng nǎojīn □ 頭を悩ます
伤心 shāng//xīn 動 心を痛める, 悲しい思いをする
商场 shāngchǎng 名 マーケット, ショッピングセンター;"商城"(shāngchéng)とも《家》
商店 shāngdiàn 名 店, 商店《家》
商量 shāngliang 動 相談する
商品 shāngpǐn 名 商品
商人 shāngrén 名 商人
商业 shāngyè 名 商業
上 shàng 動 上がる, 行く〈~车〉車に乗る
名 ①(時間的に)先, 前 ②(shang)(…の)上
上班 shàng//bān 動 (~儿)出勤する⇔"下班"(xià//bān)
上边 shàngbian 名 (~儿)上, 上の方
上当 shàng//dàng 動 だまされる
上课 shàng//kè 動 授業をする, 授業を受ける⇔"下课"(xià//kè)
上来 shànglai 動 ①上がってくる ②(-shanglai) 複合方向補語になる
上面 shàngmiàn 名 (~儿)上, 上の方
上去 shàngqu 動 ①上がっていく ②(-shangqu) 複合方向補語になる
上网 shàng//wǎng 動 インターネットに接続する⇔"下网"(xià//wǎng)

上午 shàngwǔ 名 午前

上下 shàngxià 名 …前後, …くらい

上学 shàng//xué 動 ①学校に行く, 通学する ②学校に上がる

上旬 shàngxún 名 上旬

烧 shāo 動 ①焼く, 焼ける ②煮炊きする

稍 shāo 副 少し, 少々

稍微 shāowēi 副 少し, 少々

勺子 sháozi 名 さじ, スプーン《把》

少 shǎo 形 少ない

少不了 shǎobuliǎo 動 なくてはならない, 欠かせない

少数 shǎoshù 名 少数

少年 shàonián 名 少年

少女 shàonǚ 名 少女

舌头 shétou 名 舌《条》

蛇 shé 名 蛇《条》

设备 shèbèi 動 備え付ける
名 設備

设计 shèjì 動 設計する

社会 shèhuì 名 社会

谁 shéi 代 誰

谁…谁… shéi…shéi… □ 誰でも

伸 shēn 動 伸びる, 伸ばす

身体 shēntǐ 名 身体; 健康状態

深 shēn 形 深い

深刻 shēnkè 形 深い, 深刻だ

什么 shénme 代 なに, なんの, どんな

什么的 shénmede 助 …など, …等等

什么地方 shénme dìfang □ どこ

什么…什么… shénme…shénme… □ 何でも

什么时候 shénme shíhou □ いつ

什么样 shénme yàng □ どのような

升 shēng 量 リットル

生 shēng 動 産む, 産まれる
形 生だ, 熟していない

生病 shēng//bìng 動 病む, 病気になる

生产 shēngchǎn 動 ①生産する ②子を産む, 出産する

生词 shēngcí 名 新出単語

生动 shēngdòng 形 生き生きとしている

生活 shēnghuó 名 暮らし, 生活
動 暮らす, 生活する

生命 shēngmìng 名 生命

生气 shēng//qì 動 怒る, 腹を立てる

生日 shēngrì 名 誕生日

生物 shēngwù 名 生物

生意 shēngyi 名 商売

生鱼片 shēngyúpiàn 名 刺身

生长 shēngzhǎng 動 育つ, 成長する

声 shēng 名 声, 音
量 声や音の回数を数える

声调 shēngdiào 名 声調

声音 shēngyīn 名 音, 声

绳子 shéngzi 名 縄, ひも《条、根》

省 shěng 動 省く, 節約する〈～钱〉金を節約する
名 省; 行政区画単位

圣诞节 Shèngdàn Jié □ クリスマス

胜利 shènglì 動 勝つ, 勝利する

剩 shèng 動 余す, 残す, 残る

失败 shībài 動 失敗する

失去 shīqù 動 失う, 逃す

失望 shīwàng 動 失望する

师傅 shīfu 名 師匠, 親方, 先生; 職人など技術をもつ人に対する敬称

诗 shī 名 詩

狮子 shīzi 名 ライオン《头》

湿 shī 形 しめっている, ぬれている

十 shí 数 十, 十の位

十分 shífēn 副 十分に

石头 shítou 名 石

时代 shídài 名 時代

时候 shíhou 名 時, 頃

时机 shíjī 名 時機

时间 shíjiān 名 時間

时刻 shíkè 名 時, 時刻
副 常に, 絶えず

时髦 shímáo 形 流行している, モダンだ, ハイカラだ

时期 shíqī 名 時期

实践 shíjiàn 動 実践する

实现 shíxiàn 動 実現する

实行 shíxíng 動 実行する

实用 shíyòng 形 実用的だ

实在 shízài 副 本当に

食品 shípǐn 名 食品

食堂 shítáng 名 食堂

食物 shíwù 名 食物, 食べ物

使 shǐ 動 …に…させる

使用 shǐyòng 動 使う, 使用する

世纪 shìjì 名 世紀

世界 shìjiè 名 世界, 世の中

市 shì 名 ①市(いち) ②市(し);行政区画単位

市场 shìchǎng 名 市場, マーケット

似的 shìde 助 …のようだ

事 shì 名 (~儿)事, 事柄, 用事

事情 shìqing 名 事, 事柄, 用事

事实 shìshí 名 事実

事业 shìyè 名 事業

试 shì 動 試す, 試みる

试卷 shìjuàn 名 答案用紙《张、份》

试验 shìyàn 動 試みる, 実験する
名 試み, 実験

柿子 shìzi 名 柿

是 shì 動 …だ, …である

适当 shìdàng 形 適当だ

适合 shìhé 動 合致する, 適合する

适应 shìyìng 動 適応する

收 shōu 動 受け取る, 収める

收获 shōuhuò 名 収穫, 成果

收入 shōurù 動 受け入れる
名 収入

收拾 shōushi 動 片づける, 整理する

收音机 shōuyīnjī 名 ラジオ《台、架》

收银台 shōuyíntái 名 レジ, レジスター

手 shǒu 名 手;手首から先《只、双》

手表 shǒubiǎo 名 腕時計《块》

手册 shǒucè 名 手帳, 便覧, ハンドブック《本》

手段 shǒuduàn 名 手段

手机 shǒujī 名 携帯電話

手巾 shǒujīn 名 タオル《条、块》

手绢 shǒujuàn 名 (~儿)ハンカチ;"手帕"(shǒupà)とも《块》

手套 shǒutào 名 (~儿)手袋《只、副、双》

手续 shǒuxù 名 手続き

手纸 shǒuzhǐ 名 トイレットペーパー

手指 shǒuzhǐ 名 手の指《根》

首 shǒu 量 詩や歌を数える

首都 shǒudū 名 首都

首先 shǒuxiān 副 まず, 最初に

寿司 shòusī 名 すし

受 shòu 動 受ける

受不了 shòubuliǎo 動 耐えがたい, 耐えきれない

受伤 shòushāng 動 負傷する

瘦 shòu 形 痩せている ⇔"胖"(pàng)

书 shū 名 本, 書物《本》

书包 shūbāo 名 かばん

书本 shūběn 名 書物

书店 shūdiàn 名 本屋, 書店《家》

书法 shūfǎ 名 書, 書道

书房 shūfáng 名 書斎《间》

书记 shūji 名 書記

书架 shūjià 名 本棚, 書架

叔叔 shūshu [名] 〈口〉①おじさん；父の弟，＝“叔父”(shūfù) ②(広く)おじさん
梳子 shūzi [名] くし
舒服 shūfu [形] 気持ちがよい
舒适 shūshì [形] 心地よい，快適だ
输 shū [動] 負ける⇔“赢”(yíng)
蔬菜 shūcài [名] 野菜
熟 shú [形] ①熟している ②煮えている ③よく知っている
熟识 shúshi [形] 親しい，よく知っている
熟悉 shúxi [動] 熟知している
暑假 shǔjià [名] 夏休み
属 shǔ [動] …に属する，(十二支の)…年生まれだ
数 shǔ [動] 数える
数码 shùmǎ [名] (～儿)算用数字
树 shù [名] 立ち木《棵》
数 shù [名] 数
数量 shùliàng [名] 数量
数学 shùxué [名] 数学
数字 shùzì [名] 数字
刷 shuā [動] ブラシをかける，はけで塗る〈～牙〉歯を磨く
摔 shuāi [動] 転ぶ
帅 shuài [形] スマートだ，かっこいい
双 shuāng [量] 対を成す物を数える
水 shuǐ [名] 水；湯も含む
水果 shuǐguǒ [名] 果物，フルーツ
水饺 shuǐjiǎo [名] (～儿)水ギョーザ
水泥 shuǐní [名] セメント
水平 shuǐpíng [名] レベル，水準
睡 shuì [動] 寝る，眠る
睡不着 shuìbuzháo [動] 寝つけない
睡觉 shuì//jiào [動] 寝る，眠る
顺 shùn [介] …に沿って，…に従って
顺便 shùnbiàn [副] ついでに
顺利 shùnlì [形] すらすらと運ぶ
说 shuō [動] 言う，話す
说话 shuō//huà [動] 話をする
说明 shuōmíng [動] 説明する
[名] 説明
司机 sījī [名] 運転手
思想 sīxiǎng [名] 思想
撕 sī [動] 破る，引き裂く
死 sǐ [動] 死ぬ
似乎 sìhū [副] …のようだ
松 sōng [形] 緩い⇔“紧”(jǐn)
[動] 緩める
送 sòng [動] ①届ける，手渡す ②贈る，プレゼントする ③見送る〈～客〉客を送る
速度 sùdù [名] 速度
宿舍 sùshè [名] 寮，宿舎，寄宿舎
塑料 sùliào [名] プラスチック
酸 suān [形] 酸っぱい
酸奶 suānnǎi [名] ヨーグルト
算 suàn [動] 数える，計算する
算了 suànle [動] とやかく言わない，やめにする
算术 suànshù [名] 算術
算数 suàn//shù [動] (～儿)数の内に入れる；心底に見通しがある，言ったことに責任を持つ
虽然 suīrán [接] (“可是”“但是”などと呼応して)…ではあるが
随便 suíbiàn [動] 都合に任せる，随意にする
[形] こだわらない，とらわれない
随地 suídì [副] 至る所，どこにでも
随时 suíshí [副] いつでも

岁	suì	量	歳(さい);年齢を数える
岁数	suìshu	名	(~儿)年齢
岁月	suìyuè	名	歳月
碎	suì	動	砕く,砕ける
孙女	sūnnü	名	(~儿)孫娘;息子の女児
孙子	sūnzi	名	孫;息子の男児
损失	sǔnshī	動	失う,損失する
		名	損失
所	suǒ	量	家屋や学校・病院などを数える
所以	suǒyǐ	接	…だから,…ゆえに
所有	suǒyǒu	形	すべての,あらゆる

T

台	tái	量	機械類を数える
台灯	táidēng	名	電気スタンド《盏》
台风	táifēng	名	台風
抬	tái	動	(大きな荷物を2人以上で)持ち上げる,担ぐ
太	tài	副	たいへん,あまりにも(…だ)
太极拳	tàijíquán	名	太極拳
太太	tàitai	名	奥様;既婚女性に対する敬称
太阳	tàiyang	名	太陽
态度	tàidu	名	態度
摊儿	tānr	名	露店
谈	tán	動	話す,語る
谈话	tán//huà	動	語らう,話し合う
谈恋爱	tán liàn'ài	□	恋愛する
谈判	tánpàn	動	談判する
		名	談判
弹	tán	動	(楽器を)弾く〈~钢琴〉ピアノを弾く
毯子	tǎnzi	名	毛布《条、床》
探亲	tàn//qīn	動	親族に会いに行く
汤	tāng	名	スープ
糖	táng	名	①砂糖 ②あめ
糖果	tángguǒ	名	あめ,キャンデー
躺	tǎng	動	横たわる,寝そべる
烫	tàng	形	(やけどするほど)熱い
		動	①やけどする ②アイロンをかける,パーマをあてる
趟	tàng	量	往復する回数を数える
逃	táo	動	逃げる
桃	táo	名	(~儿)桃
讨论	tǎolùn	動	討論する
讨厌	tǎoyàn	形	嫌だ
		動	嫌う
套	tào	量	セットになった物を数える
特别	tèbié	形	特別だ
		副	特に,特別に
特产	tèchǎn	名	特産物
特地	tèdì	副	特に,わざわざ
特点	tèdiǎn	名	特色,特徴
特殊	tèshū	形	特殊だ
特征	tèzhēng	名	特徴
特意	tèyì	副	わざわざ
疼	téng	形	痛い
踢	tī	動	蹴る〈~足球〉サッカーをする
提	tí	動	提げる
提高	tígāo	動	高める,向上させる
提供	tígōng	動	提供する
提前	tíqián	動	繰り上げる
提问	tíwèn	動	問題を出す,質問する
题	tí	名	問題《道》
题目	tímù	名	題,テーマ
体会	tǐhuì	動	体得する
		名	体得
体贴	tǐtiē	動	思いやる
体温	tǐwēn	名	体温
体育	tǐyù	名	体育,スポーツ
体育馆	tǐyùguǎn	名	体育館《座》

替 tì 動 …に代わる, …の代わりをする
介 …の代わりに, …のために
天 tiān 名 天, 空
量 日数を数える
天气 tiānqì 名 天気, 天候
天桥 tiānqiáo 名 陸橋《座》
天真 tiānzhēn 形 無邪気だ
添 tiān 動 付け足す, 付け加える
田 tián 名 田, 畑《块》
田径 tiánjìng 名 陸上競技
甜 tián 形 甘い
填 tián 動 埋める〈～表〉表に記入する
挑 tiāo 動 選ぶ
挑选 tiāoxuǎn 動 選ぶ, 選抜する
条 tiáo 量 細長い物を数える
条件 tiáojiàn 名 条件
调皮 tiáopí 形 いたずらだ, 言うことを聞かない
调整 tiáozhěng 動 調整する
跳 tiào 動 跳ぶ, 跳ねる
跳舞 tiào//wǔ 動 踊る, ダンスをする
贴 tiē 動 貼る
铁路 tiělù 名 鉄道《条》
听 tīng 動 聞く, 聴く
听懂 tīngdǒng 動 (聞いて)わかる
听见 tīngjiàn 動 聞こえる, 耳に入る
听力 tīnglì 名 聴力, 聴く力
听说 tīngshuō 動 …と聞いている
听写 tīngxiě 動 聴いて書き取る
停 tíng 動 止まる, 止める, やむ
停车 tíng//chē 動 停車する, 駐車する
停止 tíngzhǐ 動 停止する
挺 tǐng 副 〈口〉たいへん, とても
通 tōng 動 通る, 通す, 通じる
通过 tōngguò 介 …を通じて
通知 tōngzhī 動 通知する
名 通知《张、份》
同 tóng 介 …と;“跟”(gēn), “和”(hé)に同じ
同时 tóngshí 接 同時に, そのうえに
同事 tóngshì 名 同僚
同屋 tóngwū 名 ルームメート
同乡 tóngxiāng 名 同郷の人
同学 tóngxué 名 級友, 学友
同样 tóngyàng 形 同様だ, 差がない
同意 tóngyì 動 同意する, 賛成する
同志 tóngzhì 名 同志;…氏, …さん
童年 tóngnián 名 幼年, 幼年時代
痛 tòng 形 痛い, =“疼”(téng)
痛苦 tòngkǔ 形 苦痛だ
痛快 tòngkuai 形 愉快だ, 胸がすく
偷 tōu 動 盗む
头 tóu 名 頭
量 牛を数える
头发 tóufa 名 髪, 髪の毛
头疼 tóuténg 形 頭が痛い;“头痛”(tóutòng)とも
投入 tóurù 動 投入する
突出 tūchū 動 突出する, 突出させる
形 突出している, 際立っている
突然 tūrán 形 突然だ
图书 túshū 名 図書
图书馆 túshūguǎn 名 図書館《座》
土 tǔ 名 土, 泥
形 やぼったい, 泥臭い
土产 tǔchǎn 名 特産品
土豆 tǔdòu 名 (～儿) じゃがいも, =“马铃薯”(mǎlíngshǔ)
吐 tǔ 動 吐く, 吐き出す
兔子 tùzi 名 うさぎ《只》
团结 tuánjié 動 団結する, 団結させる
形 仲がよい

团聚 tuánjù 動 だんらんする
推 tuī 動 押す
推广 tuīguǎng 動 推し広める
退烧 tuì//shāo 動 熱が下がる
腿 tuǐ 名 足;くるぶしから上《只、条、双》
退 tuì 動 ①退く ②戻す, 返す
退休 tuì//xiū 動 退職する, 引退する
托 tuō 動 頼む, 任せる, 言づける
拖 tuō 動 引っぱる, 引きずる
脱 tuō 動 脱ぐ〈～衣服〉服を脱ぐ

W

挖 wā 動 掘る
袜子 wàzi 名 靴下《只、双》
歪 wāi 形 ゆがんでいる
外 wài 名 (…の)外
外边 wàibian 名 (～儿)外, 外側
外地 wàidì 名 よその土地, 他郷
外国 wàiguó 名 外国
外国人 wàiguórén 名 外国人
外国语 wàiguóyǔ 名 外国語;"外语"(wàiyǔ)とも
外面 wàimiàn 名 (～儿)外, 外側
外文 wàiwén 名 外国語(の文章)
完 wán 動 終わる
完成 wánchéng 動 完成する, 完成させる
完全 wánquán 形 完全だ
副 完全に, まったく
完整 wánzhěng 形 完璧だ
玩儿 wánr 動 遊ぶ
晚 wǎn 形 (時間が)遅い
晚安 wǎn'ān 動 お休みなさい
晚报 wǎnbào 名 夕刊《张、份》
晚点 wǎn//diǎn 動 (乗り物が)定刻より遅れる
晚饭 wǎnfàn 名 夕食, 晩ごはん《顿》
晚会 wǎnhuì 名 イブニング・パーティー, 夜の集い, …の夕べ
晚上 wǎnshang 名 夕方, 晩, 夜
碗 wǎn 名 わん;茶わん・カップ・湯のみなど
万 wàn 数 万, 万の位
万一 wànyī 名 ①万分の一 ②万が一の事態
接 万一, 万が一
网球 wǎngqiú 名 テニス
网站 wǎngzhàn 名 ウェブサイト
往 wǎng 介 …の方へ, …に向かって
往来 wǎnglái 動 行き来する
往往 wǎngwǎng 副 往々, しばしば
忘 wàng 動 忘れる
忘记 wàngjì 動 忘れる
危害 wēihài 動 害する, 危害を加える
危险 wēixiǎn 形 危険だ
微笑 wēixiào 動 ほほえむ, 微笑する
为 wéi 動 …とする, …となる
违反 wéifǎn 動 違反する
围 wéi 動 囲む
围巾 wéijīn 名 マフラー, スカーフ《条》
伟大 wěidà 形 偉大だ
委员 wěiyuán 名 委員
尾巴 wěiba 名 尾, しっぽ《条、根》
卫生 wèishēng 形 衛生的だ
名 衛生
卫星 wèixīng 名 衛星《颗》
为 wèi 介 …のために;原因・目的を表す
为了 wèile 介 …のために, …するために;目的を表す
为什么 wèi shénme □ なぜ, どうして
未来 wèilái 名 未来, 将来
位 wèi 量 人を数える;敬称
味 wèi 名 (～儿)味, におい

味道 wèidao 名 味
喂 wèi 感 呼びかけの声
胃口 wèikǒu 名 食欲
温度 wēndù 名 温度
温暖 wēnnuǎn 形 温かい，温暖だ
温泉 wēnquán 名 温泉《座、口、眼》
文化 wénhuà 名 文化
文件 wénjiàn 名 書類，文書《份》
文明 wénmíng 名 文明
形 文明的だ；礼儀正しい，マナー・エチケットを心得ている
文学 wénxué 名 文学
文学家 wénxuéjiā 名 文学者
文艺 wényì 名 文芸；文学と芸術
文章 wénzhāng 名 文章《篇、段》
文字 wénzì 名 文字
闻 wén 動 においをかぐ
稳定 wěndìng 形 安定している
動 安定させる
问 wèn 動 問う，尋ねる〈～问题〉質問する
问好 wèn//hǎo 動 ご機嫌を伺う，よろしく言う
问号 wènhào 名 疑問符，クエスチョン・マーク
问候 wènhòu 動 ご機嫌を伺う
问题 wèntí 名 問い，問題，質問
卧室 wòshì 名 寝室《间》
握手 wò//shǒu 動 握手する
乌龙茶 wūlóngchá 名 ウーロン茶
乌鸦 wūyā 名 からす《只》
污染 wūrǎn 動 汚染する
屋子 wūzi 名 部屋，＝“房间”(fángjiān)《间》
无法 wúfǎ 動 …する術(すべ)がない，…しようがない
无聊 wúliáo 形 退屈だ
无论 wúlùn 接 …であろうとなかろうと，…にかかわらず
午饭 wǔfàn 名 昼食，昼ごはん《顿》
午觉 wǔjiào 名 昼寝，午睡
舞蹈 wǔdǎo 名 踊り，ダンス
物价 wùjià 名 物価
物理 wùlǐ 名 物理
物质 wùzhì 名 物質
误会 wùhuì 動 誤解する
名 誤解

X

西边 xībian 名 (～儿)西側，西の方；“西方”(xīfāng)とも
西餐 xīcān 名 西洋料理《顿》
西服 xīfú 名 背広，スーツ《套》
西瓜 xīgua 名 すいか
西红柿 xīhóngshì 名 トマト
吸 xī 動 吸う，吸い込む
吸尘器 xīchénqì 名 掃除機《台》
吸收 xīshōu 動 吸収する
吸烟 xī yān □ たばこを吸う，喫煙する
吸引 xīyǐn 動 引きつける
希望 xīwàng 動 望む，希望する
名 望み，希望
牺牲 xīshēng 動 犠牲になる；革命に命をささげる
名 犠牲，いけにえ
习惯 xíguàn 動 慣れる，習慣になる
名 慣れ，習慣
洗 xǐ 動 洗う〈～脸〉顔を洗う〈～衣服〉洗濯する
洗手间 xǐshǒujiān 名 洗面所，トイレ
洗衣机 xǐyījī 名 洗濯機《台》
洗澡 xǐ//zǎo 動 体を洗う，入浴する
洗澡间 xǐzǎojiān 名 浴室，バスルーム
喜欢 xǐhuan 動 好む，(…するのが)好

きだ

戏 xì 名 劇, 芝居

系 xì 名 学部, 学科

系统 xìtǒng 名 系統, システム

细 xì 形 細い

细心 xìxīn 形 注意深い, 細心だ

下 xià 動 ①下がる, 下る, 降りる〈～车 chē〉車を降りる, 下車する ②(雨・雪などが)降る〈～雨〉雨が降る〈～雪〉雪が降る
名 ①(時間的に)後, 次 ②(…の)下
量 動作・行為の回数を数える

下巴 xiàba 名 あご

下班 xià//bān 動 (～儿)退勤する⇔“上班”(shàng//bān)

下边 xiàbian 名 (～儿)下, 下の方

下课 xià//kè 動 授業が終わる⇔“上课”(shàng//kè)

下来 xiàlai 動 ①下りてくる ②(-xialai)複合方向補語になる

下面 xiàmiàn 名 (～儿)下, 下の方

下去 xiàqu 動 ①下りていく ②(-xiaqu)複合方向補語になる

下网 xià//wǎng 動 インターネットの接続を切る⇔“上网”(shàng//wǎng)

下午 xiàwǔ 名 午後

下旬 xiàxún 名 下旬

吓 xià 動 驚く, 驚かす

夏天 xiàtiān 名 夏

先 xiān 副 先に, まず

先后 xiānhòu 副 前後して, 引き続いて

先…然后… xiān… ránhòu… □ 先に…してから…する

先生 xiānsheng 名 ①先生, =“老师”(lǎoshī) ②…氏, …さん;男性に対する敬称

咸 xián 形 しょっぱい, 塩辛い

显得 xiǎnde 動 …に見える

显然 xiǎnrán 形 明らかだ, はっきりしている

显眼 xiǎnyǎn 形 目立つ

现代 xiàndài 名 現代;近代

现实 xiànshí 名 現実

现在 xiànzài 名 今, 現在

羡慕 xiànmù 動 うらやむ

乡下 xiāngxia 名 田舎, 農村

相当 xiāngdāng 形 ふさわしい
副 かなり, 相当に

相反 xiāngfǎn 形 逆だ, 反対だ

相同 xiāngtóng 形 同じだ

相信 xiāngxìn 動 信じる

香 xiāng 形 ①香りがよい ②うまい, おいしい ③ぐっすり眠る

香肠 xiāngcháng 名 (～儿)ソーセージ《根》

香蕉 xiāngjiāo 名 バナナ《支、根、把》

香烟 xiāngyān 名 たばこ《支、根》

香皂 xiāngzào 名 せっけん《块、条》

箱子 xiāngzi 名 (大型の)箱;トランク, スーツケース《口》

详细 xiángxì 形 詳しい

享受 xiǎngshòu 動 享受する

响 xiǎng 動 鳴る, 響く, 音がする

想 xiǎng 動 考える, (…したいと)思う

想法 xiǎng//fǎ 動 方法を考える

想法 xiǎngfa 名 考え, 意見

想念 xiǎngniàn 動 懐かしむ, 恋い慕う

想象 xiǎngxiàng 動 想像する;“想像”と

も書く
向 xiàng [介] …に向かって, …に対して
象 xiàng [名] 象;“大象”(dàxiàng)とも《头》
像 xiàng [名] 像
[動] …のようだ, …に似ている
[副] まるで(…のようだ)
橡皮 xiàngpí [名] 消しゴム
消费 xiāofèi [動] 消費する
消化 xiāohuà [動] 消化する
消失 xiāoshī [動] 消費する
消息 xiāoxi [名] 消息, 便り
小 xiǎo [形] 小さい
[接頭] 同輩や目下の人の姓にかぶせて親しみの気持ちを表す
小孩儿 xiǎoháir [名] 子供;“小孩子”(xiǎoháizi)とも⇔“大人”(dàren)
小伙子 xiǎohuǒzi [名] 若い男子, 若者
小姐 xiǎojiě [名] …さん, …嬢;若い女性に対する敬称
小笼包 xiǎolóngbāo [名] ショーロンポー
小时 xiǎoshí [名] 時間の単位;分
小说 xiǎoshuō [名] 小説《本、篇》
小提琴 xiǎotíqín [名] バイオリン《把》
小偷儿 xiǎotōur [名] 泥棒, こそ泥
小心 xiǎoxīn [動] 注意する, 気をつける
[形] 注意深い
小学 xiǎoxué [名] 小学校《所》
小学生 xiǎoxuéshēng [名] 小学生
校门 xiàomén [名] 校門
校园 xiàoyuán [名] 校庭, キャンパス
笑 xiào [動] 笑う
笑话 xiàohua [名] (~儿)笑い話;おかしなこと
[動] (人を)笑いものにする, あざける
笑脸 xiàoliǎn [名] 笑顔《副、张》
效果 xiàoguǒ [名] 効果
些 xiē [量] いくらか, 少々
歇 xiē [動] 休む
鞋 xié [名] 靴;短靴《只、双》
写 xiě [動] 書く〈~信〉手紙を書く
写字台 xiězìtái [名] 事務机《张》
写作 xiězuò [動] 文章を書く
血 xiě [名] 血
谢谢 xièxie [動] 感謝する;ありがとう
心 xīn [名] ①心臓, =“心脏”(xīnzàng) ②心, 気持ち, 意図
心情 xīnqíng [名] 心情, 気持ち
辛苦 xīnkǔ [形] 苦しい, つらい
[動] 苦労をかける
新 xīn [形] 新しい
新年 xīnnián [名] 新年, 正月
新生 xīnshēng [名] 新入生
新闻 xīnwén [名] ニュース《条、则》
新鲜 xīnxian [形] ①新鮮だ ②珍しい
信 xìn [名] 手紙《封》
信封 xìnfēng [名] (~儿)封筒
信息 xìnxī [名] 消息, 情報
信心 xìnxīn [名] 信念, 確信
信用卡 xìnyòngkǎ [名] クレジットカード《张》
兴奋 xīngfèn [形] 興奮している, 気持ちが高ぶっている
[動] 興奮させる
星期 xīngqī [名] 周, 曜日
星星 xīngxing [名] 〈口〉星《颗》
行 xíng [形] よろしい, 差し支えない, 大丈夫だ
行李 xíngli [名] (旅行の)荷物《件》
形成 xíngchéng [動] 形成する

形式 xíngshì 名 形式

形容 xíngróng 動 形容する

形象 xíngxiàng 名 形象, 姿, イメージ

形状 xíngzhuàng 名 形状, 形

醒 xǐng 動 覚める, 目覚める

兴趣 xìngqù 名 興味, 面白み

幸福 xìngfú 名 幸福, 幸せ
形 幸せだ

幸运 xìngyùn 名 幸運
形 運がよい

性格 xìnggé 名 性格

姓 xìng 動 …という姓である

姓名 xìngmíng 名 姓名

兄弟 xiōngdì 名 兄弟

胸 xiōng 名 胸, 胸部

雄伟 xióngwěi 形 雄大だ

熊猫 xióngmāo 名 パンダ《只》

休息 xiūxi 動 休む, 休息する

修 xiū 動 ①整える ②修理する ③建設する

修改 xiūgǎi 動 改める, 改良する

修理 xiūlǐ 動 修理する

需要 xūyào 動 必要とする
名 需要

许多 xǔduō 数 多くの, たくさんの

选 xuǎn 動 選ぶ

选择 xuǎnzé 動 選ぶ, 選択する

靴子 xuēzi 名 長靴, ブーツ《只、双》

学 xué 動 学ぶ

学费 xuéfèi 名 学費, 授業料

学期 xuéqī 名 学期

学生 xuésheng 名 生徒, 学生

学问 xuéwen 名 学問, 知識

学习 xuéxí 動 学ぶ, 学習する

学校 xuéxiào 名 学校《所》

学院 xuéyuàn 名 ①単科大学 ②学部

雪 xuě 名 雪

雪人 xuěrén 名 (~儿)雪だるま

血液 xuèyè 名 血液

迅速 xùnsù 形 速い, 速やかだ

Y

鸭 yā 名 あひる《只》

牙 yá 名 歯;"牙齿"(yáchǐ)とも《颗》

牙膏 yágāo 名 練り歯磨き

牙刷 yáshuā 名 (~儿)歯ブラシ《把》

烟 yān 名 ①けむり ②たばこ

烟火 yānhuo 名 花火

延长 yáncháng 動 延長する

严格 yángé 形 厳しい, 厳格だ

严肃 yánsù 形 厳粛だ, 重々しい

严重 yánzhòng 形 重大だ, 深刻だ

沿 yán 介 …に沿って

研究 yánjiū 動 研究する

研究生 yánjiūshēng 名 大学院生

研究院 yánjiūyuàn 名 大学院

盐 yán 名 塩

颜色 yánsè 名 色

眼镜 yǎnjìng 名 (~儿)めがね《副》

眼睛 yǎnjing 名 目《只、双、对》

眼泪 yǎnlèi 名 涙《滴》

演 yǎn 動 演じる

演出 yǎnchū 動 演じる, 公演する

演讲 yǎnjiǎng 動 講演する

演员 yǎnyuán 名 俳優

演奏 yǎnzòu 動 演奏する

宴会 yànhuì 名 宴会

羊 yáng 名 ひつじ《只》

阳光 yángguāng 名 陽光, 日の光

养 yǎng 動 養う, 飼う, 育てる

样子 yàngzi 名 様子

要求 yāoqiú 動 求める, 要求する
名 要求

腰 yāo 名 腰

邀请 yāoqíng 動 招く, 招待する

摇 yáo [動] 揺れる, 揺する
咬 yǎo [動] かむ
药 yào [名] 薬
要 yào [動] 要る, ほしい
[助動] …する, …したい, …しなくてはならない
要不 yàobù [接] そうでなければ, ＝"要不然"(yàobùrán)
要紧 yàojǐn [形] 重要だ, 大切だ
要么…要么… yàome… yàome… □ …か…か
要命 yào//mìng [動] ①命を奪う ②程度が甚だしい
要是 yàoshi [接] もし…ならば
钥匙 yàoshi [名] 鍵, キー《把》
爷爷 yéye [名] おじいさん; 父方の祖父
也 yě [副] …も, …もまた
也许 yěxǔ [副] …かもしれない
业余 yèyú [形] アマチュアの
叶子 yèzi [名] 葉, 葉っぱ《片》
页 yè [量] ページ数を数える
夜里 yèli [名] 夜, 夜中
夜景 yèjǐng [名] 夜景
夜晚 yèwǎn [名] 夜, 晩
一般 yìbān [形] 一般的だ, 普通だ
一半 yíbàn [数] (～儿)半分
一辈子 yíbèizi [名] 一生
一边(儿)…一边(儿)… yìbiān(r)… yìbiān(r)… □ …しながら…する
一点儿 yìdiǎnr [数量] ちょっと, 少し
一定 yídìng [副] きっと, 必ず
一共 yígòng [副] 合わせて, 全部で
一会儿 yíhuìr [数量] しばらくの間〈口〉yìhuǐr
一…就… yī… jiù… □ ちょっと…すると, …するやたちまち
一口气 yìkǒuqì [副] 一気に
一块儿 yíkuàir [副] 一緒に(…する)
一模一样 yìmú-yíyàng □ そっくりだ
一齐 yìqí [副] 一斉に
一起 yìqǐ [副] 一緒に(…する)
一切 yíqiè [代] 一切, すべて
一生 yìshēng [名] 一生
一时 yìshí [名] 一時
[副] たまたま
一下 yíxià [数量] (～儿)(動詞の後に用いて)ちょっと(…する); "一下子"(yíxiàzi)とも
一些 yìxiē [数量] 少し, 少々
一样 yíyàng [形] 同じだ, 同様だ
一直 yìzhí [副] まっすぐに, ずっと
伊妹儿 yīmèir [名] Eメール
衣服 yīfu [名] 服, 衣服《件､身》
衣裳 yīshang [名] 服, 衣服, ＝"衣服"(yīfu)《件､身》
医生 yīshēng [名] 医師, 医者
医院 yīyuàn [名] 病院《所､家》
依靠 yīkào [動] 頼る, よりかかる
仪器 yíqì [名] 儀器
移动 yídòng [動] 移動する
遗憾 yíhàn [形] 遺憾だ, 残念だ
疑问 yíwèn [名] 疑問
已经 yǐjīng [副] すでに
以后 yǐhòu [名] 以後
以及 yǐjí [接] および, ならびに
以来 yǐlái [名] …以来
以内 yǐnèi [名] 以内
以前 yǐqián [名] 以前
以上 yǐshàng [名] ①以上, これまでの事 ②…以上
以外 yǐwài [名] 以外
以为 yǐwéi [動] …と思う, 思い込む
以下 yǐxià [名] ①以下, これから先のこと ②…以下
椅子 yǐzi [名] 椅子《把》

亿 yì 数 億，億の位；"万万"(wànwàn)とも
艺术 yìshù 名 芸術
议论 yìlùn 動 議論する
名 議論
意见 yìjian 名 ①意見 ②異議
意识 yìshi 動 気づく，意識する
名 意識
意思 yìsi 名 意味
意外 yìwài 形 意外だ
意义 yìyì 名 意義，意味
因此 yīncǐ 接 それゆえに
因而 yīn'ér 接 したがって，ゆえに
因特网 yīntèwǎng 名 インターネット
因为 yīnwei 介 …のために，…によって；原因・理由を示す
接 …なので
因为…所以… yīnwei… suǒyǐ… □ …なので…だ
阴 yīn 形 曇っている
音乐 yīnyuè 名 音楽
银行 yínháng 名 銀行《家、所》
饮料 yǐnliào 名 飲み物
饮食 yǐnshí 名 飲食
印 yìn 動 印刷する
印象 yìnxiàng 名 印象
应该 yīnggāi 助動 …すべきだ
英雄 yīngxióng 名 英雄
英语 Yīngyǔ 名 英語；"英文"(Yīngwén)とも
樱花 yīnghuā 名 桜
迎接 yíngjiē 動 迎える
营养 yíngyǎng 名 栄養
营业 yíngyè 動 営業する
赢 yíng 動 勝つ⇔"输"(shū)
影迷 yǐngmí 名 映画ファン
影响 yǐngxiǎng 動 影響する
名 影響
硬 yìng 形 硬い
永远 yǒngyuǎn 副 永遠に
勇敢 yǒnggǎn 形 勇敢だ
用 yòng 動 使う，用いる
介 …で，…を使って
用不着 yòngbuzháo 動 わざわざ…する必要はない
用处 yòngchù 名 用途，使い道
用功 yòng//gōng 動 勉学に励む
优点 yōudiǎn 名 優れた点，長所
优美 yōuměi 形 美しい
优秀 yōuxiù 形 優秀だ，優れている
悠久 yōujiǔ 形 悠久だ
由 yóu 介 …によって
由于 yóuyú 介 …によって
接 …なので
尤其 yóuqí 副 とりわけ
邮局 yóujú 名 郵便局《所》
邮票 yóupiào 名 切手《张、套》
油 yóu 名 油
油腻 yóunì 形 脂っこい
油条 yóutiáo 名 (ねじってのばした)揚げパン《根》
游 yóu 動 泳ぐ
游览 yóulǎn 動 遊覧する
游戏 yóuxì 名 遊び，ゲーム
動 遊ぶ，戯れる，ゲームをする
游泳 yóu//yǒng 動 泳ぐ，遊泳する
游泳池 yóuyǒngchí 名 プール
友好 yǒuhǎo 形 友好的だ
友谊 yǒuyì 名 友誼，友情
有 yǒu 動 (…に…が)ある，(…を)持っている
有的 yǒude 代 (人や物について)ある…，一部の…
有点儿 yǒudiǎnr 副 少し，少々；望ましくない事柄について

有关 yǒuguān 動 関わる, 関係がある
介 …に関する

有名 yǒumíng 形 有名だ

有趣 yǒuqù 形 面白い

有时 yǒushí 副 時には;“有时候”(yǒushíhou)とも

有时…有时… yǒushí… yǒushí… □ 時には…, 時には…

有效 yǒuxiào 形 有効だ, 効果的だ

有些 yǒuxiē 代 いくつかの, いくらかの, 一部の
副 少し, いささか

有意思 yǒu yìsi □ 面白い, 興味深い ⇔“没意思”(méi yìsi)

有用 yǒuyòng 形 役に立つ

又 yòu 副 (過去のことについて)また, ふたたび

又…又… yòu… yòu… □ …でもあり…でもある

幼儿园 yòu'éryuán 名 幼稚園《所》

右边 yòubian 名 (~儿)右, 右の方

于是 yúshì 接 そこで, それゆえに

鱼 yú 名 魚《条、尾》

愉快 yúkuài 形 楽しい, 愉快だ

羽毛球 yǔmáoqiú 名 バドミントン

与 yǔ 介 …と
接 …と…

雨 yǔ 名 雨

雨伞 yǔsǎn 名 雨傘《把》

雨衣 yǔyī 名 レインコート《件》

语法 yǔfǎ 名 語法, 文法

语文 yǔwén 名 ①言語と文字 ②言語と文学

语言 yǔyán 名 言語

玉米 yùmǐ 名 とうもろこし

浴室 yùshì 名 浴室《间》

预报 yùbào 動 予報する
名 予報

预习 yùxí 動 予習する⇔“复习”(fùxí)

遇到 yùdào 動 出会う

遇见 yùjiàn 動 偶然会う, 出会う

元 yuán 量 元;通貨の単位, “圆”とも書く

元旦 yuándàn 名 元旦

原来 yuánlái 形 もともとの
副 もともとは(…だったのか)

原谅 yuánliàng 動 (情状を酌量して)許す, 勘弁する

原料 yuánliào 名 原料

原因 yuányīn 名 原因

原则 yuánzé 名 原則

圆 yuán 形 円い
量 通貨の単位, ="元"(yuán)

圆珠笔 yuánzhūbǐ 名 ボールペン《支》

远 yuǎn 形 遠い

院子 yuànzi 名 庭;中庭

愿望 yuànwàng 名 願望, 望み, 願い

愿意 yuànyì 動 望む, 願う
助動 …したいと思う, 喜んで…する

约 yuē 動 ①約束する ②誘う, 招く

约会 yuēhui 動 会う約束をする, デートをする
名 会う約束, デート

月 yuè 名 月数をいう

月底 yuèdǐ 名 月末;“月末”(yuèmò)とも

月亮 yuèliang 名 月;天体

月票 yuèpiào 名 定期券《张》

阅读 yuèdú 動 読む, 閲読する

越…越… yuè… yuè… □ …であればあるほど…だ

Y

晕 yūn 形 頭がくらくらする

云 yún 名 雲《朵、块、片》

云彩 yúncai 名 〈口〉雲《朵、块、片》

允许 yǔnxǔ 動 許す, 許可する

运 yùn 動 運ぶ

运动 yùndòng 名 運動, スポーツ
動 運動する

运动员 yùndòngyuán 名 スポーツ選手

运用 yùnyòng 動 運用する

Z

杂 zá 形 雑多だ, ごたごたしている

杂志 zázhì 名 雑誌《本》

灾害 zāihài 名 災害

灾难 zāinàn 名 災難

再 zài 副 (未来のことについて)また, ふたたび

再见 zàijiàn 動 (また会いましょう⇒)さようなら

再说 zàishuō 動 それからのことにする
接 それに, それから

在 zài 動 (…は…に)ある, いる
介 …で;場所を示す
副 (動詞の前に用いて)…している;進行・継続中であることを示す

在家 zàijiā 動 家に居る, 在宅の

咱们 zánmen 代 わたしたち, ぼくたち;相手と自分を含めて

攒 zǎn 動 ためる, 蓄える

赞成 zànchéng 動 賛成する

脏 zāng 形 汚い, 汚れている

糟糕 zāogāo 形 だめだ, まずい, めちゃめちゃだ

早 zǎo 形 早い

早餐 zǎocān 名 朝食, 朝ごはん《顿》

早晨 zǎochen 名 朝, 早朝

早饭 zǎofàn 名 朝食, 朝ごはん《顿》

早就 zǎojiù 副 とっくに

早上 zǎoshang 名 朝

早晚 zǎowǎn 副 早晩, 遅かれ早かれ

造 zào 動 作る

责任 zérèn 名 責任

怎么 zěnme 代 ①なぜ, どうして ②どう, どのように

怎么样 zěnmeyàng 代 どのような, どのように, どのようであるか;“怎样”(zěnyàng)とも

增加 zēngjiā 動 増える, 増加する

增长 zēngzhǎng 動 増える, 増大する

扎 zhā 動 刺す

炸 zhá 動 油で揚げる

摘 zhāi 動 ①摘み取る ②(帽子・手袋などを)脱ぐ, 外す

窄 zhǎi 形 (幅や範囲が)狭い⇔“宽”(kuān)

盏 zhǎn 量 灯火を数える

展览 zhǎnlǎn 動 展覧する

展览会 zhǎnlǎnhuì 名 展覧会

占 zhàn 動 占める

战争 zhànzhēng 名 戦争《场、次》

站 zhàn 動 立つ
名 駅, 停留所

站台 zhàntái 名 プラットホーム;“月台”(yuètái)とも

张 zhāng 量 平らな面を持っている物を数える

长 zhǎng 動 生える, 成長する

长大 zhǎngdà 動 成長する

掌握 zhǎngwò 動 把握する

丈夫 zhàngfu 名 夫

招待 zhāodài 動 招待する

招呼 zhāohu 動 ①呼ぶ, 声をかける ②挨拶する

招手 zhāo//shǒu [動] 手を振る，手招きする

着急 zháojí [形] 焦る，いらだつ

找 zhǎo [動] 捜す，探す

找钱 zhǎo//qián [動] お釣りを出す

召开 zhàokāi [動] (会を)召集する

照 zhào [動] 照る，照らす
[介] …によって

照常 zhàocháng [動] いつもどおりだ
[副] いつもどおりに

照顾 zhàogù [動] 世話をする，面倒をみる

照看 zhàokàn [動] 気をつけて見守る

照片 zhàopiàn [名] 写真；〈口〉“照片儿”(zhàopiānr)とも《张》

照相 zhào//xiàng [動] 写真を撮る

照相机 zhàoxiàngjī [名] カメラ《架》

哲学 zhéxué [名] 哲学

这 zhè [代] これ，それ；この，その〈口〉zhèi

这边 zhèbian [代] (~儿)ここ，こちら

这次 zhè cì □ 今回，こんど

这个 zhège [代] これ，この

这里 zhèli [代] ここ

这么 zhème [代] このように

这儿 zhèr [代] 〈口〉ここ

这些 zhèxiē [代] これら，これらの

这样 zhèyàng [代] (~儿)このような，このように

着 zhe [助] …している，…してある；持続を示す

真 zhēn [副] 本当に，じつに

真理 zhēnlǐ [名] 真理

真实 zhēnshí [形] 真実だ

真正 zhēnzhèng [形] 本当の，真の

枕头 zhěntou [名] まくら《对》

阵 zhèn [量] ひとしきり続く動作や現象を数える

正月 zhēngyuè [名] 正月；旧暦の１月

争取 zhēngqǔ [動] 勝ち取る，奪い取る

征求 zhēngqiú [動] 求める，募集する

整个 zhěnggè [形] 全部の，全体の，まるまるの

整理 zhěnglǐ [動] 整理する，片づける

整齐 zhěngqí [形] そろっている，きちんとしている

整天 zhěngtiān [名] 一日中

正 zhèng [副] …している；“正在”(zhèngzài)とも

正常 zhèngcháng [形] 正常だ

正好 zhènghǎo [形] ちょうどよい
[副] うまいぐあいに

正确 zhèngquè [形] 正確だ

正在 zhèngzài [副] ちょうど…しているところだ

证明 zhèngmíng [動] 証明する
[名] 証明，証明書《份》

政策 zhèngcè [名] 政策

政府 zhèngfǔ [名] 政府，役所

政治 zhèngzhì [名] 政治

挣 zhèng [動] (肉体労働をして)かせぐ〈~钱〉金をかせぐ

之后 zhīhòu [名] 以后，…の後

…之间 …zhī jiān □ …の間

之前 zhīqián [名] 以前，…の前

…之下 …zhī xià □ …の下

…之一 …zhī yī □ …の一つ

支 zhī [量] 棒状の物を数える；“枝”とも書く

支持 zhīchí [動] ①支持する ②持ちこたえる

只 zhī [量] 匹，頭；動物を数える

枝 zhī [量] ①枝についた花や葉を数える ②“支”(zhī)に同じ

知道 zhīdao [動] 分かる，知っている；否

定形は多く zhīdào

知识 zhīshi 名 知識

执行 zhíxíng 動 執行する, 実行に移す

直 zhí 形 まっすぐだ
副 まっすぐに;直接に, じかに, しきりに

直接 zhíjiē 形 直接的だ

侄子 zhízi 名 おい;兄弟の息子

侄女 zhínü 名 めい;兄弟の娘

值班 zhí//bān 動 当番になる, 当直する

值得 zhíde 動 …する価値がある, …に値する

职工 zhígōng 名 従業員

职业 zhíyè 名 職業

职员 zhíyuán 名 職員

植物 zhíwù 名 植物

只 zhǐ 副 ただ…だけ

只好 zhǐhǎo 副 …するよりほかにしかたがない

只是 zhǐshì 副 ただ…するばかりだ
接 …ではあるがしかし

只要…就… zhǐyào… jiù… □ …しさえすれば…だ

只有…才… zhǐyǒu… cái… □ …してはじめて, …してこそ

纸 zhǐ 名 紙《张》

指 zhǐ 動 指す, 指さす

指出 zhǐchū 動 指南する

指导 zhǐdǎo 動 指導する

指点 zhǐdiǎn 動 指し示す, 導く, 教える

指甲 zhǐjia 名 つめ〈口〉zhījia

指教 zhǐjiào 動 教え導く, 指導する

指南 zhǐnán 名 指針, 案内

指头 zhǐtou 名 指;手の指, ＝"手指"(shǒuzhǐ)〈口〉zhítou

指示 zhǐshì 動 指示する
名 指示

至少 zhìshǎo 副 少なくとも

志气 zhìqì 名 意気, 気概

制定 zhìdìng 動 制定する

质量 zhìliàng 名 質, 品質

治 zhì 動 ①治める ②治す

治疗 zhìliǎo 動 治療する

秩序 zhìxù 名 秩序

中餐 zhōngcān 名 中国料理

中国菜 Zhōngguó cài □ 中国料理

中间 zhōngjiān 名 中, 中ほど, 中間;〈口〉"中间儿"(zhōngjiànr)

中年 zhōngnián 名 中年

中文 Zhōngwén 名 中国語, 中国語の文章

中午 zhōngwǔ 名 お昼;12時前後

中心 zhōngxīn 名 中心, 中央, センター

中学 zhōngxué 名 中学校, 高校《所》

中学生 zhōngxuéshēng 名 中学生, 高校生

中旬 zhōngxún 名 中旬

中央 zhōngyāng 名 中央

中药 zhōngyào 名 漢方薬

终于 zhōngyú 副 ついに, とうとう

钟 zhōng 名 ①時計 ②時間を表す

钟头 zhōngtóu 名 時間の単位;60分

种 zhǒng 量 種類を数える

种子 zhǒngzi 名 種《颗、粒》

种 zhòng 動 植える〈～花〉花を植える〈～种子〉種をまく

重 zhòng 形 重い

重大 zhòngdà 形 重大だ

重点 zhòngdiǎn 名 重点

重量 zhòngliàng 名 重量

重视 zhòngshì 動 重視する

重要 zhòngyào 形 重要だ

周 zhōu 名 週, 曜日, ＝"星期"(xīngqī)

周到 zhōudào 形 行き届いている

周末 zhōumò 名 週末

周围 zhōuwéi 名 周囲
猪 zhū 名 豚《口、头》
竹子 zhúzi 名 竹
逐渐 zhújiàn 副 次第に, だんだんと
主动 zhǔdòng 形 自発的だ
主角 zhǔjué 名 主役, 主演者
主任 zhǔrèn 名 主任
主人 zhǔren 名 主人, ホスト
主席 zhǔxí 名 ①主席 ②議長
主要 zhǔyào 形 主な, 主要な
主义 zhǔyì 名 主義
主意 zhǔyi 名 考え, 意見〈口〉zhúyi
主张 zhǔzhāng 動 主張する
名 主張
煮 zhǔ 動 ゆでる, 煮る
住 zhù 動 住む, 泊まる
住院 zhù//yuàn 動 入院する⇔“出院”(chū//yuàn)
住宅 zhùzhái 名 (規模の大きな)住宅
注意 zhù//yì 動 注意する, 気をつける
祝 zhù 動 祈る, 願う
祝贺 zhùhè 動 祝う
著名 zhùmíng 形 著名だ, 有名だ
抓 zhuā 動 つかむ;つかまえる
专家 zhuānjiā 名 専門家
专门 zhuānmén 副 特に, わざわざ
形 専門の
专业 zhuānyè 名 専門業務, 専攻学科
转 zhuǎn 動 方向を転換する
转告 zhuǎngào 動 伝言する
转眼 zhuǎnyǎn 動 まばたきする;瞬く間に
传记 zhuànjì 名 伝記
转 zhuàn 動 回る, 回転する
赚 zhuàn 動 もうける, もうかる〈～钱〉金をもうける
装 zhuāng 動 ①入れる, 詰める ②装う, ふりをする
撞 zhuàng 動 ぶつかる, ぶつける〈～车〉車が衝突する
追 zhuī 動 追う, 追いかける
准 zhǔn 形 正確だ
准备 zhǔnbèi 動 ①準備する ②…するつもりだ
准确 zhǔnquè 形 正確だ
准时 zhǔnshí 形 時間どおりだ
桌椅 zhuōyǐ 名 机と椅子
桌子 zhuōzi 名 机, テーブル《张》
资料 zīliào 名 資料
仔细 zǐxì 形 細かい, 注意深い
自 zì 介 …から, …より
自己 zìjǐ 代 自分, 自身
自觉 zìjué 動 自覚する
形 自覚的だ
自然 zìrán 名 自然, 自然界
形 自然のままの
副 当然, もちろん
自然 zìran 形 無理がない, 自然だ
自我 zìwǒ 代 自己
自我介绍 zìwǒ jièshào □ 自己紹介をする
自我批评 zìwǒ pīpíng □ 自己批判をする
自行车 zìxíngchē 名 自転車《辆》
自学 zìxué 動 独学する
自由 zìyóu 名 自由
形 自由だ
字 zì 名 字
字典 zìdiǎn 名 字書, 字典《本、部》
总 zǒng 副 いつも, 常に
总经理 zǒngjīnglǐ 名 社長
总理 zǒnglǐ 名 総理, 首相
总是 zǒngshì 副 いつも
总统 zǒngtǒng 名 大統領
总之 zǒngzhī 接 要するに
走 zǒu 動 ①歩く ②出かける

走路 zǒu//lù 動 歩く，歩行する

租 zū 動 ①(使用料を取って)貸す，賃貸する ②(使用料を払って)借りる，賃借する

足球 zúqiú 名 サッカー，フットボール

组织 zǔzhī 動 組織する 名 組織

祖父 zǔfù 名 父方の祖父；〈口〉"爷爷"(yéye)

祖国 zǔguó 名 祖国

祖母 zǔmǔ 名 父方の祖母；〈口〉"奶奶"(nǎinai)

嘴 zuǐ 名 口《张》

最 zuì 副 最も，いちばん

最初 zuìchū 名 最初

最好 zuìhǎo 副 …するのが最もよい

最后 zuìhòu 名 最後

最近 zuìjìn 名 最近，近頃，この頃

醉 zuì 動 酔う

尊敬 zūnjìng 動 尊敬する

遵守 zūnshǒu 動 守る，順守する

昨天 zuótiān 名 昨日，きのう

昨晚 zuówǎn 名 昨晩，ゆうべ

左边 zuǒbian 名 (~儿)左，左の方

左右 zuǒyòu 名 ①左右 ②…前後，…くらい

作 zuò 動 作る

作家 zuòjiā 名 作家

作品 zuòpǐn 名 作品

作为 zuòwéi 動 …とする 介 …として

作文 zuòwén 動 文章を書く 名 作文《篇》

作业 zuòyè 名 宿題

作用 zuòyòng 名 作用，機能，役割

作者 zuòzhě 名 作者，著者

坐 zuò 動 座る，腰掛ける，着席する；乗り物に乗る〈~车〉自動車に乗る〈~船〉船に乗る〈~飞机〉飛行機に乗る

座 zuò 量 山や建造物などどっしりした物を数える

座位 zuòwei 名 座席；"坐位"とも書く

座钟 zuòzhōng 名 置き時計《座》

做 zuò 動 作る，する，行う〈~饭〉料理する〈~作业〉宿題をする

做客 zuò//kè 動 (人の家に)招かれる，客となる

做梦 zuò//mèng 動 夢を見る

中国語検定試験について

一般財団法人 日本中国語検定協会が実施し，中国語運用能力を認定する試験です。受験資格の制限はありません。また，目や耳，肢体などが不自由な方には特別対応を講じます。中国語検定試験の概要は以下のとおりです。詳しくは後掲（p.124）の日本中国語検定協会のホームページや，協会が発行する「受験案内」をご覧いただくか，協会に直接お問い合わせください。

認定基準と試験内容

準４級	**中国語学習の準備完了** 学習を進めていく上での基礎的知識を身につけていること。 （学習時間 60～120 時間。一般大学の第二外国語における第一年度前期修了，高等学校における第一年度通年履修，中国語専門学校・講習会などにおける半年以上の学習程度。） 基礎単語約 500 語（簡体字を正しく書けること），ピンイン（表音ローマ字）の読み方と綴り方，単文の基本文型，簡単な日常挨拶語約 50～80。
４　級	**中国語の基礎をマスター** 平易な中国語を聞き，話すことができること。 （学習時間 120～200 時間。一般大学の第二外国語における第一年度履修程度。） 単語の意味，漢字のピンイン（表音ローマ字）への表記がえ，ピンインの漢字への表記がえ，常用語 500～1,000 による中国語単文の日本語訳と日本語の中国語訳。
３　級	**自力で応用力を養いうる能力の保証（一般的事項のマスター）** 基本的な文章を読み，書くことができること。 簡単な日常会話ができること。 （学習時間 200～300 時間。一般大学の第二外国語における第二年度履修程度。） 単語の意味，漢字のピンイン（表音ローマ字）への表記がえ，ピンインの漢字への表記がえ，常用語 1,000～2,000 による中国語複文の日本語訳と日本語の中国語訳。
２　級	**実務能力の基礎づくり完成の保証** 複文を含むやや高度な中国語の文章を読み，３級程度の文章を書くことができること。 日常的な話題での会話が行えること。 単語・熟語・慣用句の日本語訳・中国語訳，多音語・軽声の問題，語句の用法の誤り指摘，100～300 字程度の文章の日本語訳・中国語訳。

準1級	**実務に即従事しうる能力の保証（全般的事項のマスター）** 社会生活に必要な中国語を基本的に習得し，通常の文章の中国語訳・日本語訳，簡単な通訳ができること。 （一次）新聞・雑誌・文学作品・実用文などやや難度の高い文章の日本語訳・中国語訳。 （二次）簡単な日常会話と口頭での中文日訳及び日文中訳など。
1　級	**高いレベルで中国語を駆使しうる能力の保証** 高度な読解力・表現力を有し，複雑な中国語及び日本語（例えば挨拶・講演・会議・会談など）の翻訳・通訳ができること。 （一次）時事用語も含む難度の高い文章の日本語訳・中国語訳。熟語・慣用句などを含む総合問題。 （二次）日本語と中国語の逐次通訳。

日程と時間割

準4級，4級，3級，2級及び準1級の一次試験は3月，6月，11月の第4日曜日の年3回，1級の一次試験は11月の第4日曜日の年1回実施します。

一次試験は次の時間割で実施し，午前の級と午後の級は併願できます。

午　前			午　後		
級	集合時間	終了予定時間	級	集合時間	終了予定時間
準4級	10:00	11:15	4　級	13:30	15:25
3　級		11:55	2　級		15:45
準1級		12:15	1　級		15:45

準1級と1級の二次試験は，一次試験合格者を対象に，一次が3月，6月の場合は5週間後，一次が11月の場合は1月の第2日曜日に実施します。（協会ホームページに日程掲載。）

受験会場

全国主要都市に42か所，海外は北京，上海，台北，シンガポールの4か所を予定しています（2020年5月現在）。二次試験は，準1級を東京と大阪，1級を東京で実施します。ただし，受験者多数の場合，上海でも実施することがあります。

受験申込

郵送かインターネットで申込みます。受験料は次のとおりです。

級	郵送による申込	インターネットによる申込
準4級	3,200円	3,000円
4　級	4,200円	4,000円
3　級	5,200円	5,000円
2　級	7,200円	7,000円
準1級	8,700円	8,500円
1　級	9,700円	9,500円

（2020年5月現在）

出題・解答の方式，配点，合格基準点

級	種類	方式	配点	合格基準点
準4級	リスニング	選択式	50点	60点
	筆　記	選択式・記述式	50点	
4　級	リスニング	選択式	100点	60点
	筆　記	選択式・記述式	100点	60点
3　級	リスニング	選択式	100点	65点
	筆　記	選択式・記述式	100点	65点
2　級	リスニング	選択式	100点	70点
	筆　記	選択式・記述式	100点	70点
準1級	リスニング	選択式・記述式	100点	75点
	筆　記	選択式・記述式	100点	75点
1　級	リスニング	選択式・記述式	100点	85点
	筆　記	選択式・記述式	100点	85点

・解答は，マークシートによる選択式及び一部記述式を取り入れています。また，録音によるリスニングを課し，特に準1級・1級にはリスニングによる書き取りを課しています。

・記述式の解答は，簡体字の使用を原則としますが，２級以上は特に指定された場合を除き，簡体字未習者の繁体字の使用は妨げません。但し，字体の混用は減点の対象となります。

・４級～１級は，リスニング・筆記ともに合格基準点に達していないと合格できません。準４級は合格基準点に達していてもリスニング試験を受けていないと不合格となります。

・合格基準点は，難易度を考慮して調整されることがあります。

二次試験内容

準１級は，面接委員との簡単な日常会話，口頭での中文日訳と日文中訳，指定されたテーマについての口述の３つの試験を行い，全体を通しての発音・イントネーション及び語彙・文法の運用能力の総合的な判定を行います。10～15分程度。合格基準点は75点／100点

１級は，面接委員が読む中国語長文の日本語訳と，日本語長文の中国語訳の２つの試験を行います。20～30分程度。合格基準点は各85点／100点

一般財団法人 日本中国語検定協会

〒103-8468　東京都中央区東日本橋2-28-5協和ビル

Tel：０３－５８４６－９７５１

Fax：０３－５８４６－９７５２

ホームページ：http://www.chuken.gr.jp

E-mail：info@chuken.gr.jp

試験結果データ（2019 年度実施分）

L：リスニング　W：筆記　口試 1：中文日訳　口試 2：日文中訳

第98回	準４級	４級	３級	２級	準１級	準１級二次	１級一次	１級二次
		L ／ W	L ／ W	L ／ W	L ／ W	口試	L ／ W	口試1/口試2
合格基準点	60	60(55)/60(55)	65(60)/65(60)	70/70(65)	75/75(70)	75	−	−
平均点	70.6	58.2/67.7	64.3/63.2	67.7/60.3	67.2/59.5	88.2	−	−
志願者数	1,992	2,619	2,758	1,481	491	91	−	−
受験者数	1,812	2,263	2,423	1,339	445	79	−	−
合格者数	1,425	1,210	1,115	437	90	73	−	−
合格率	78.6%	53.5%	46.0%	32.6%	20.2%	92.4%	−	−

第99回	準４級	４級	３級	２級	準１級一次	準１級二次	１級一次	１級二次
		L ／ W	L ／ W	L ／ W	L ／ W	口試	L ／ W	口試1/口試2
合格基準点	60	60/60	65(55)/65(55)	70(65)/70(65)	75(70)/75(70)	75	85/85	85/85
平均点	70.6	64.8/69.4	54.0/61.5	64.5/59.1	62.7/57.8	89.5	72.6/66.1	89.1/84.4
志願者数	3,525	3,836	3,392	1,895	469	81	259	17
受験者数	3,235	3,387	2,933	1,715	407	72	241	17
合格者数	2,526	1,953	1,238	540	70	70	16	11
合格率	78.1%	57.7%	42.2%	31.5%	17.2%	97.2%	6.6%	64.7%

※　（二次）志願者数には，一次試験免除者を含みます。
※　合格基準点欄（　）内の数字は，難易度を考慮して当該回のみ適用された基準点です。

C　第　　回　3級　解答用紙

受験番号	
会場	
氏名	

記入例

良い例	悪い例
■	

（小さすぎたり，はみだしたり，うすすぎたりしないように。）

マーク欄全体を塗りつぶしてください。

リスニング

1

(1)	1 2 3 4
(2)	1 2 3 4
(3)	1 2 3 4
(4)	1 2 3 4
(5)	1 2 3 4
(6)	1 2 3 4
(7)	1 2 3 4
(8)	1 2 3 4
(9)	1 2 3 4
(10)	1 2 3 4

2

(1)	1 2 3 4
(2)	1 2 3 4
(3)	1 2 3 4
(4)	1 2 3 4
(5)	1 2 3 4
(6)	1 2 3 4
(7)	1 2 3 4
(8)	1 2 3 4
(9)	1 2 3 4
(10)	1 2 3 4

筆記

1

(1)	1 2 3 4
(2)	1 2 3 4
(3)	1 2 3 4
(4)	1 2 3 4
(5)	1 2 3 4
(6)	1 2 3 4
(7)	1 2 3 4
(8)	1 2 3 4
(9)	1 2 3 4
(10)	1 2 3 4

2

(1)	1 2 3 4
(2)	1 2 3 4
(3)	1 2 3 4
(4)	1 2 3 4
(5)	1 2 3 4
(6)	1 2 3 4
(7)	1 2 3 4
(8)	1 2 3 4
(9)	1 2 3 4
(10)	1 2 3 4

3

(1)	1 2 3 4
(2)	1 2 3 4
(3)	1 2 3 4
(4)	1 2 3 4
(5)	1 2 3 4
(6)	1 2 3 4
(7)	1 2 3 4
(8)	1 2 3 4
(9)	1 2 3 4
(10)	1 2 3 4

4

(1)	1 2 3 4
(2)	1 2 3 4
(3)	1 2 3 4
(4)	1 2 3 4
(5)	1 2 3 4
(6)	1 2 3 4

5

		点数
(1)		
(2)		
(3)		
(4)		
(5)		

音声ダウンロード

中検3級試験問題2020［第98・99回］解答と解説

2020年6月5日　初版印刷
2020年6月11日　初版発行

編　者　一般財団法人 日本中国語検定協会
発行者　佐藤康夫
発行所　白 帝 社

〒171-0014　東京都豊島区池袋2-65-1
TEL 03-3986-3271　FAX 03-3986-3272
info@hakuteisha.co.jp　http://www.hakuteisha.co.jp/

印刷 倉敷印刷(株)／製本 (株)ティーケー出版印刷

Printed in Japan　〈検印省略〉　6914　ISBN978-4-86398-385-4
Ⓒ 2020 一般財団法人 日本中国語検定協会
＊定価はカバーに表示してあります。

本物の中国語の発音を目指す学習者のために

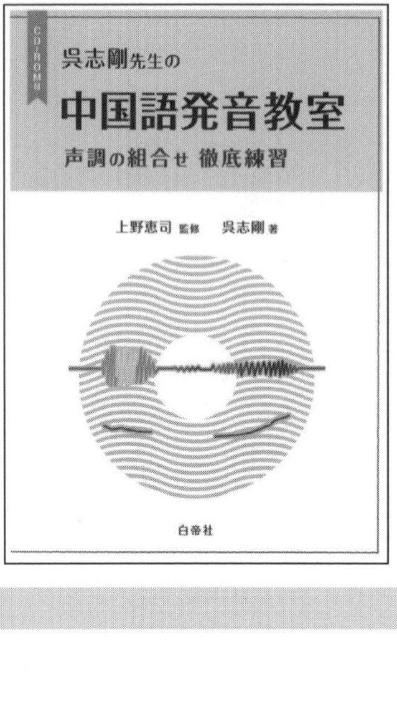

音声ダウンロード

呉志剛先生の

中国語発音教室

声調の組合せ徹底練習

上野恵司 監修　呉志剛 著

■模範朗読を聴きながら，四声の組合せ，および音声と音声とをつなげて発音するリズムとコツを身につけ，更に滑らかな本物の中国語の発音を目指します。

◆ A5判　128p
◆定価［本体2200円＋税］
ISBN　978-4-86398-207-9

白帝社刊